Kochbuch für Männer – Anfänger

Vertrauen in die Küche: Mühelos kochen für den modernen Mann

Nathan Doyle

BONUS INNEN: FARBVERSION DES BUCHES

Ein Bild, das das Gericht für jedes Rezept zeigt

READ TO THE END AND SCAN THE QR CODE

Urheberrecht © 2024 von Nathan Doyle. Alle Rechte vorbehalten.

Dieses Dokument zielt darauf ab, genaue und verlässliche Informationen bezüglich des behandelten Themas und Problems zu liefern. Das Buch wird mit dem Verständnis verkauft, dass der Verleger nicht dazu verpflichtet ist, buchhalterische, offiziell genehmigte oder anderweitig qualifizierte Dienstleistungen zu erbringen. Sollte eine Beratung notwendig sein, rechtlicher oder professioneller Art, sollte eine fachkundige Person in dem Beruf konsultiert werden.

Gemäß einer Erklärung der Prinzipien, die gleichermaßen von einem Komitee der American Bar Association und einem Komitee von Verlegern und Verbänden akzeptiert und genehmigt wurde.

Es ist in keiner Weise legal, irgendeinen Teil dieses Dokuments zu reproduzieren, zu duplizieren oder zu übermitteln, sei es auf elektronischem Weg oder in gedruckter Form. Die Aufzeichnung dieser Veröffentlichung ist strikt verboten, und jede Speicherung dieses Dokuments ist nicht gestattet, es sei denn, es liegt eine schriftliche Genehmigung des Verlegers vor. Alle Rechte vorbehalten.

Die hierin bereitgestellten Informationen werden als wahrhaftig und konsistent angegeben, sodass jegliche Haftung, in Bezug auf Nachlässigkeit oder anderweitig, durch jegliche Nutzung oder Missbrauch jeglicher Politiken, Prozesse oder Anweisungen, die innerhalb enthalten sind, die alleinige und absolute Verantwortung des empfangenden Lesers ist. Unter keinen Umständen wird eine rechtliche Verantwortung oder Schuld gegenüber dem Verleger für jegliche Reparationen, Schäden oder finanzielle Verluste aufgrund der hierin enthaltenen Informationen gehalten, direkt oder indirekt.

Inhaltsübersicht

Einleitung: Willkommen im kulinarischen Dschungel, meine Herren	**8**
Willkommen in der Bruderschaft der kulinarischen Tüchtigkeit	9
Warum Kochen wichtig ist: Die Belohnungen der Kochkunst	10
Kapitel 1: Küchen-Bootcamp	**11**
Unverzichtbare Küchengeräte: Optimierung Ihres Equipments	11
Orientierung im Supermarkt: So beherrschen Sie den Markt	12
Sicherheit geht vor: Grundlegende Sicherheits- und Hygienemassnahmen in der Küche	13
Kapitel 2: Grundlagen meistern	**15**
Messerkenntnisse 101: Hacken, Schneiden und Würfeln wie ein Profi	15
Die Kunst des Würzens: Geschmacksverstärkung mit Salz, Pfeffer und Gewürzen	16
Kochtechniken, die jeder Mann kennen sollte: Beherrschung der Grundlagen	17
Kapitel 3: Einfach Gewinnen – Frühstücksedition	**19**
Die ultimativen Eier: Rezepte für ein meisterhaftes Frühstück	19
1. Klassisches französisches Omelett	19
2. Herzhaftes Rührei mit Spinat und Feta	20
3. Spiegeleier mit Avocado-Toast	20
4. Eggs Benedict mit hausgemachter Hollandaise	21
5. Ultimativer Frühstückswrap mit Speck und Ei	22
6. Shakshuka: Nordafrikanische pochierte Eier in Tomatensoße	23
Das Frühstück der Champions: Haferflocken, Pfannkuchen und Smoothies für einen grossartigen Start in den Tag	23
7. Knockout Nutty Banana Oat Bowl	24
8. Grüner Gladiator-Smoothie	24
9. Powerhouse-Erdnussbutter-Haferriegel	25
10. Beeren-Blitz-Protein-Smoothie	26
11. Der Morning Lift Coffee Infused Smoothie	26
12. Fluffige Pfannkuchen ohne Fehl und Tadel	27
Frühstück für Champions: Einfache, beeindruckende Mahlzeiten am Morgen	28
13. Frühstücksmuffins mit Schinken und Ei	28
14. Herzhafte Haferflocken mit gehonigten Nüssen	29
15. Einfache Räucherlachs-Bagels	30
16. Pikanter Frühstücksburrito	30
17. Griechisches Joghurt-Parfait mit gemischten Beeren	31
18. Chia-Samen-Pudding über Nacht	32
Kapitel 4: Schnelle und beeindruckende Mittagessen	**33**
Sandwiches neu interpretiert: Die Verwandlung des einfachen Sandwichs in eine Gourmet-Mahlzeit.	33
19. Das ultimative Baguette mit Steak und karamellisierten Zwiebeln	33
20. Ciabatta mit gegrillter Birne und Gorgonzola	34
21. Mediterrane Veggie-Pita-Tasche	35
22. Ciabatta mit geräuchertem Truthahn und Avocado	35
23. Gepresstes Sandwich mit Feigen, Prosciutto und Brie	36
24. Pulled Pork und Krautsalat auf einem Brioche-Brötchen	37
Power-Salate: Herzhaft, nahrhaft und nicht nur Kopfsalat	38
25. Gebratene Süßkartoffeln und Quinoa-Salat	38

26. Grünkohl-Caesar mit knusprigen Kichererbsen-Croûtons	39
27. Gegrilltes Hähnchen und Avocado Cobb-Salat	39
28. Salat aus Roter Bete und Ziegenkäse mit Rucola	40
29. Pikanter Südwestlicher Schwarzer Bohnensalat	41
30. Mediterraner Farro- und gegrillter Gemüsesalat	42
31. Thai-Erdnuss-Knusper-Salat	42
32. Ernte-Apfel-Walnuss-Salat	43

ONE-POT WONDERS: EINFACHE, SCHMACKHAFTE GERICHTE MIT MINIMALEM REINIGUNGSAUFWAND — 44

33. Cremiges Pilz-Spinat-Risotto	44
34: Zitronen-Knoblauch-Hähnchen mit Kartoffeln	45
35. Suppe mit Wurst, Grünkohl und weißen Bohnen	46
36. Curry-Linsen-Gemüse-Eintopf	46
37. Chili-Makkaroni mit Käse aus einem Topf	47
38. Paella mit Shrimps und Chorizo	48
39. Gemüse-Jambalaya	49
40. Rindfleisch-Stroganoff aus einem Topf	50

KAPITEL 5: VERABREDUNG ZUM ESSEN - KLASSIKER — 52

PASTA IN PERFEKTION: KLASSISCHE NUDELGERICHTE MIT PFIFF MEISTERN. — 52

41. Bachelor's Spaghetti Carbonara	52
42. Knoblauch-Garnelen-Linguine	53
43. Pikante Wurst und Paprika Penne	53
44. Gebratene Gemüserotini mit Pesto	54
45. BBQ Pulled Pork Makkaroni	55
46. Einfache Cajun-Jambalaya-Nudeln	56
47. Bier-Knoblauch-Spaghetti	57
48. Schnelles Veggie Lo Mein	58

DAS HAUPTEREIGNIS: FLEISCH-, FISCH- UND VEGETARISCHE HAUPTGERICHTE, DIE SICHER BEEINDRUCKEN WERDEN. — 59

49. Schweinslende mit Ahornglasur	59
50. Ultimatives Einsteiger-Chili	59
51. Einfaches Schweinekotelett mit Apfelkompott	60
52. Leicht Zuzubereitende Lachsfilets mit Dillsoße	61
53. Knoblauchbutter-Garnelenpfanne	61
54. Zitronen-Spargel-Tilapia in einer Pfanne	62
55. Rustikale Forelle aus der Pfanne mit Mandeln	63
56. Vegetarische Enchiladas mit schwarzen Bohnen	63
57. Gefüllte mediterrane Paprikaschoten	64
58 Gemüse-Curry in Elle	65

BEILAGEN-SHOW: EINFACHE, KÖSTLICHE BEILAGEN, DIE JEDE MAHLZEIT ERGÄNZEN. — 66

59. Gebratener Brokkoli mit Knoblauch und Parmesan	66
60. Kräuter-Couscous mühelos zubereitet	66
61. Geräucherte Paprika-Süßkartoffelspalten	67
62. Pikante Grüne Bohnen mit Zitrone und Knoblauch	68
63. Schnell Eingelegter Gurkensalat	68
64. Rustikales Geröstetes Wurzelgemüse	69
65. Pikanter Pilz-Reis-Pilaw	69
66. Käsige Knoblauchbrotstangen	70
67. Gewürzmaiskolben mit Korianderbutter	71

KAPITEL 6: DER GESELLSCHAFTSKOCH - UNTERHALTEN LEICHT GEMACHT — 72

FINGERFOOD-FAVORITEN: SNACKS UND VORSPEISEN, DIE SIE ZUM GESPRÄCHSTHEMA DER PARTY MACHEN. — 72

- 68. Knusprige Parmesan-Kartoffel-Stapel — 72
- 69 Buffalo-Hühnchen-Häppchen — 72
- 70. Knoblauch-Kräuterbrot zum Auseinanderziehen — 73
- 71. Mit Speck umwickelte Jalapeño-Poppers — 74
- 72. Mini-Fleischbällchen-Sub-Spieße — 74
- 73. Käsiger Spinat-Artischocken-Dip — 75
- 74. Einfache Caprese-Spieße — 76
- 75. Knusprig gebackene Zwiebelringe — 76
- 76. Pulled Pork Slider — 77
- 77. Süßer und pikanter Nussmix — 78

DIE ZWANGLOSE DINNERPARTY: STRESSFREIE PLANUNG FÜR EINEN DENKWÜRDIGEN ABEND. — 78

KOCHEN FÜR EINE GROSSE MENGE: SKALIEREN SIE IHRE KOCHKÜNSTE FÜR MENSCHENANSAMMLUNGEN, MIT MINIMALEM STRESS. — 80

- 78. Pikanter Hühner-Taco-Auflauf — 80
- 79. Überbackene Ziti mit drei Käsesorten — 81

KAPITEL 7: DESSERTS FÜR DEN SIEG — 83

SCHNELLE LÖSUNGEN FÜR SÜSSE GELÜSTE: EINFACHE, SÄTTIGENDE DESSERTS IN WENIGEN MINUTEN. — 83

- 80. 5-Minuten-Schokoladen-Tassenkuchen — 83
- 81. Ungebackene Erdnussbutterbällchen — 84
- 82. Bananen-Eiscreme Blitz — 84
- 83. Instant-Käsekuchen-Parfaits — 85
- 84. Mit Schokolade überzogene Fruchthörnchen — 85
- 85. S'mores für die Mikrowelle — 86
- 86 Schneller Apfel-Knusperkuchen — 87
- 87. Einfacher Reispudding — 87
- 88. Beeren-Joghurt-Rinde — 88

GRUNDLAGEN DES BACKENS: EINFACHE KUCHEN, KEKSE UND TORTEN, DIE AUCH EIN ANFÄNGER MEISTERN KANN. — 89

- 89. Kinderleichte Schokoladenkekse — 89
- 90. Vanille-Blechkuchen in einer Schüssel — 90
- 91. Blaubeer-Muffins ohne Fehl und Tadel — 90
- 92. Easy-Peasy Lemon Squeezy Pie — 91
- 93. Bananenbrot für Anfänger — 92
- 94. Rustikale Apfelgalette — 93
- 95. Schnell gemixte Schokoladen-Brownies — 94
- 96. Einfache Erdbeer-Mürbeteigkuchen — 94
- 97. Niemals scheiternde Erdnussbutterkekse — 95
- 98. Magischer Puddingkuchen für Anfänger — 95

KAPITEL 8: DER TEIL DER ZEHNER — 97

ZEHN KÜCHENTRICKS, DIE JEDER MANN KENNEN SOLLTE: TRICKS, MIT DENEN DAS KOCHEN EINFACHER WIRD UND MEHR SPASS MACHT. — 97

ZEHN ERFOLGSREZEPTE FÜR JEDE GELEGENHEIT: LIEBLINGSGERICHTE, DIE NIE ENTTÄUSCHEN. — 98

- 99. Ultimative Spaghetti Bolognese — 98
- 100. Perfektes Brathähnchen — 99
- 101. Einfache Käselasagne — 99
- 102. Lachs in einer Pfanne mit gebratenem Gemüse — 100
- 103. Klassisches Rindfleisch-Chili — 101

104. Einfache Gebratene Shrimps mit Gemüse	101
105. Schnelle Pizza Margherita mit Fladenbrot	102
106. Narrensicherer Gegrillter Käse mit Tomatensuppe	102
107. Easy-Peasy Hähnchenspieße mit Zitronenwasser	103
108. Schokoladen-Lavakuchen für Anfänger	104
ZEHN WEGE, MIT DER PRÄSENTATION ZU BEEINDRUCKEN: TIPPS, WIE SELBST EINFACHE GERICHTE BEEINDRUCKEND AUSSEHEN.	105

KAPITEL 9: SCHLUSSFOLGERUNG: DIE REISE GEHT WEITER — **107**

ANHÄNGE — **108**

GLOSSAR DER KOCHBEGRIFFE: ENTMYSTIFIZIERUNG DES KULINARISCHEN JARGONS.	108
UMRECHNUNGEN VON MASSEN: SCHNELLREFERENZ FÜR METRISCHE UND IMPERIALE EINHEITEN.	109
Gewichtsumrechnungen	109
Temperaturumrechnungen	109
CHECKLISTE FÜR DEN VORRATSSCHRANK: VORRAT AN GRUNDNAHRUNGSMITTELN FÜR SPONTANE KOCHABENTEUER.	110

Einleitung: Willkommen im kulinarischen Dschungel, meine Herren

Meine Herren, lassen Sie mich eines vorwegnehmen: Wenn Sie sich jemals gefühlt haben, als wäre Ihre Küche mehr ein fremdes Land als ein Teil Ihres Zuhauses, dann sind Sie nicht allein. Wenn Ihre Vorstellung vom Kochen darin besteht, Müsli mit Milch zu mischen, oder wenn 'feines Essen' bedeutet, zusätzlichen Käse in Ihre Instant-Ramen zu geben, dann, mein Freund, haben Sie sich gerade für das Abenteuer Ihres Lebens angemeldet.

Willkommen beim 'Kochbuch für Männer'. Ich bin Ihr Guide auf dieser kulinarischen Reise, einst ein Laie, der glaubte, der Ofen sei nur ein Lagerplatz für überschüssige Töpfe und Pfannen. Ich habe Toast verbrannt, Nudeln in eine glibberige Masse verwandelt, und ja, ich habe es sogar geschafft, kochendes Wasser zu versauen. Aber durch Ausprobieren und viele Fehler bin ich aus dem kulinarischen Dschungel nicht nur lebendig herausgekommen, sondern auch mit der Fähigkeit, Gerichte zu zaubern, die die Herzen erobern, die Schwiegereltern beeindrucken und sogar meinen Hund dazu bringen, es sich zweimal zu überlegen, ob er am Tisch betteln will.

In diesem Buch geht es nicht darum, aus Ihnen den nächsten Starkoch zu machen oder Sie von Anfang an mit Begriffen wie 'Julienne' oder 'Sous-Vide' zu überschwemmen. Nein, es geht darum, die Grundlagen zu beherrschen, Ihre Werkzeuge zu verstehen und zu lernen, Mahlzeiten zuzubereiten, die nicht nur Ihren Körper, sondern auch Ihre Seele nähren (und Ihnen vielleicht ein paar Sympathiepunkte bei Ihren Lieben einbringen). Ich verspreche, den Fachjargon auf ein Minimum zu beschränken und mich auf das Wesentliche zu konzentrieren: einfache Zubereitungen, leicht zugängliche Zutaten und dafür zu sorgen, dass Sie Ihre Küche nicht in Brand stecken (im übertragenen Sinne, aber auch im wörtlichen Sinne). Von der Entschlüsselung des Codes für ein Frühstück, das komplizierter ist als das Einschenken von Milch, bis hin zu einem Abendessen, bei dem Ihre Gäste unter dem Tisch nach dem versteckten Koch suchen werden - wir werden uns gemeinsam auf diese Reise begeben.

Auch, schnallen Sie sich Ihre Schürze um (oder auch nicht, ich bin nicht hier, um Ihre Küchenkleidung zu beurteilen), schnappen Sie sich einen Pfannenwender (oder finden Sie heraus, was ein Pfannenwender eigentlich ist), und bereiten Sie sich darauf vor, Ihre Küche mit dem Selbstvertrauen eines erfahrenen Profis in Angriff zu nehmen. Schließlich musste jeder große Koch irgendwo anfangen, und wer sagt, dass man auf dieser Reise nicht auch ein paar Lacher ernten kann? Lassen Sie uns (buchstäblich) ein neues Kapitel in Ihrem kulinarischen Abenteuer aufschlagen. Willkommen in der Bruderschaft der Küche.

Willkommen in der Bruderschaft der kulinarischen Tüchtigkeit

Lieber Abenteurer, kulinarischer Neuling, oder wer auch immer seine Küche schon einmal versehentlich in eine Slapstick-Komödie verwandelt hat – herzlichen Glückwunsch. Wenn Sie dieses Buch aufschlagen, haben Sie den ersten Schritt in eine größere Welt getan, eine Welt, in der die Mahlzeiten deftig sind, die Lacher zahlreich sind und das Einzige, wovor Sie sich fürchten müssen, ist, dass Ihnen Ihre Lieblingsscharfsauce ausgeht.

Beim Kochen geht es nämlich nicht nur darum, sich selbst zu ernähren. Es geht darum, Erfahrungen zu sammeln, Erinnerungen zu schaffen und manchmal, nur manchmal, einen Pfannkuchen zu wenden, ohne dass er auf dem Boden (oder der Decke) landet. Aber lassen Sie uns mit kleinen Schritten beginnen.

Die Bruderschaft erwartet Sie: Zunächst einmal: Willkommen in der Bruderschaft der kulinarischen Fertigkeiten. Dies ist kein gewöhnlicher Club. Wir haben kein geheimes Händeschütteln (wir sind zu sehr damit beschäftigt, Pfannenwender zu halten), und unsere Treffen finden nicht an schattigen, unterirdischen Orten statt (es sei denn, du zählst das eine Mal mit, als wir versucht haben, im Keller zu grillen). Nein, bei dieser Bruderschaft geht es um Einigkeit bei unseren kulinarischen Versuchen, um das Teilen von Triumphen und Katastrophen gleichermaßen und darum, von den Erfahrungen der anderen zu lernen.

Vom Novizen zum Ritter: Jeder Ritter begann als Knappe, jeder Meisterkoch als Tellerwäscher. Ihre Reise vom Küchenneuling zum selbstbewussten Koch wird von Siegen und Lernerfolgen geprägt sein. Ja, es wird Missgeschicke geben - Gerichte, die nicht wie erwartet ausfallen, Soßen, die zu dick oder zu dünn sind, und gelegentlich verbrannte Speisen. Aber in jedem dieser Momente liegt eine Lektion, eine Chance zu wachsen und eine Geschichte, die Sie mit Ihren Waffenbrüdern teilen können.

Werkzeuge des Handwerks: In diesem Kapitel begeben wir uns auf die Entdeckungsreise nach den essenziellen Werkzeugen, die in der Küche eines jeden Kochs unverzichtbar sind. Vom mächtigen Kochmesser, das zu einer Verlängerung Ihrer eigenen Hand wird, bis hin zum bescheidenen Pfannenwender, der ein Held für sich ist. Wir werden diese Werkzeuge entmystifizieren und Ihnen zeigen, wie Sie sie mit Präzision und Sorgfalt einsetzen können. Fürchten Sie sich nicht vor den Küchenhelfern, denn sie sind Ihre Verbündeten in den kommenden kulinarischen Schlachten.

Das Pantheon der Zutaten: Als Nächstes stellen wir Ihnen die wichtigsten Zutaten vor, die die Grundlage für unzählige Mahlzeiten bilden werden. Dies sind die Bausteine der kulinarischen Kreation, und sie zu verstehen ist der Schlüssel zu Ihrer Verwandlung. Wir erforschen, wie man sie auswählt, wie man sie lagert und vor allem, wie man sie zu Gerichten kombiniert, die Ihre Seele (und Ihre Geschmacksnerven) ansprechen.

Kulinarische Abenteuer: Jedes Kapitel dieses Buches ist eine Expedition in die weite Welt des Kochens. Sie lernen nicht nur Rezepte, sondern auch Techniken und Philosophien kennen, die Sie jedes Mal begleiten werden, wenn Sie die Küche betreten. Vom einfachsten Frühstück bis zum königlichen Festmahl werden Sie das Wissen und das Selbstvertrauen erlangen, um jede kulinarische Herausforderung zu meistern.

Der Kodex der Bruderschaft: Denken Sie auf Ihrer kulinarischen Reise stets an unseren Kodex:
1. Mut, Neues zu wagen.
2. Ehre, wenn Sie Ihre Kreationen teilen.
3. Humor, selbst wenn mal etwas danebengeht.
4.

Gemeinsam lachen wir, kochen wir und essen wir. Dieses Kapitel ist erst der Anfang, die Morgendämmerung vor dem Festmahl. Also, schärft eure Messer, schmeißt eure Herde an und lasst uns dieses epische kulinarische Abenteuer beginnen. Willkommen, Bruder, in der Küche.

Warum Kochen wichtig ist: Die Belohnungen der Kochkunst

In einer Welt, in der Bequemlichkeit oft über Qualität triumphiert und Fast Food nur einen Drive-Thru entfernt ist, kann die Kunst des Kochens manchmal wie ein Relikt der Vergangenheit erscheinen. Aber hier bei der Brotherhood of Culinary Skills wissen wir es besser. Kochen ist mehr als nur ein Mittel zum Zweck – es ist eine Reise voller Belohnungen, die weit über das fertige Gericht hinausgehen. Hier erfahren Sie, warum Kochen nicht nur für das Überleben wichtig ist, sondern auch für die persönliche Zufriedenheit, die Gesundheit, das Beeindrucken anderer und die reine Freude am Essen.

Persönliche Befriedigung: Es erfüllt zutiefst, aus rohen Zutaten eine köstliche Mahlzeit zu zaubern. Dabei geht es nicht nur darum, die Bäuche zu füllen, sondern auch darum, eine Fähigkeit zu beherrschen, vor der viele zurückschrecken. Beim Kochen kann man seiner Kreativität freien Lauf lassen, mit verschiedenen Geschmacksrichtungen experimentieren und schließlich etwas ganz Eigenes kreieren. Die Befriedigung, wenn man sagen kann: "Das habe ich gemacht", ist unübertroffen, vor allem, wenn die Kreation mit einem Lächeln und dem Wunsch nach einem Nachschlag belohnt wird.

Gesundheitliche Vorteile: Wenn Sie selbst kochen, kontrollieren Sie Ihre Gesundheit. Sie entscheiden, was in Ihr Essen kommt. Das bedeutet, dass Sie das übermäßige Salz, den Zucker und die ungesunden Fette vermeiden können, die oft zu den Grundnahrungsmitteln von Restaurants und Fertiggerichten gehören. Zu Hause zu kochen fördert eine ausgewogene Ernährung, die reich an Obst, Gemüse und Vollkornprodukten ist - Zutaten, die Ihren Körper nähren und Ihr allgemeines Wohlbefinden fördern.

Andere beeindrucken: Seien wir ehrlich - es erfüllt mit Stolz, ein Mahl zu kreieren, das Gäste oder Lieben beeindruckt. Ob es sich um ein romantisches Abendessen handelt, das mit Komplimenten an den Koch (also an Sie) endet, oder um ein zwangloses Treffen, bei dem Ihr Gericht zum Höhepunkt des Abends wird - Kochen ist eine todsichere Methode, um Eindruck zu schinden. Es zeigt, dass man sich Gedanken gemacht hat, sich Mühe gibt und eine Fähigkeit besitzt, die viele gerne hätten.

Die reine Freude am Essen: Im Wesentlichen dreht sich beim Kochen alles um Freude – die Freude am Experimentieren und Lernen in der Küche und die Freude am gemeinsamen Genießen am Tisch. Es hat etwas Magisches, sich zu einer selbst zubereiteten Mahlzeit hinzusetzen, jeden Bissen zu genießen und die Aromen und Texturen zu erleben, die man zusammengebracht hat. Diese Freude vervielfacht sich, wenn Sie diese Erfahrung mit anderen teilen und Mahlzeiten in Momente und Essen in Erinnerungen verwandeln.

Kochen ist ein Fest der einfachen Lebensfreuden. Es ist ein Akt der Liebe und Kreativität, der nicht nur den Körper, sondern auch die Seele nährt. Ganz gleich, ob Sie für eine Person, für zwei oder für eine große Menge kochen, die Zubereitung einer Mahlzeit ist eine erdende, bereichernde Erfahrung, die uns mit der Welt und miteinander verbindet. Wenn wir uns also gemeinsam auf diese kulinarische Reise begeben, denken Sie daran: Kochen ist wichtig, und durch Kochen finden wir Freude, Gesundheit, Zufriedenheit und Verbundenheit.

Kapitel 1: Küchen-Bootcamp

Willkommen an der Startlinie Ihrer kulinarischen Reise – eine Reise, die nicht am Herd beginnt, sondern bei der Umgebung und den Werkzeugen, die das Kochen überhaupt erst ermöglichen. 'Küchen-Bootcamp' ist Ihr unverzichtbarer Leitfaden für die Einrichtung, Navigation und Beherrschung Ihrer Küche, der sicherstellt, dass Sie nicht nur mit den richtigen Geräten, sondern auch mit der richtigen Einstellung ausgestattet sind.

Dieses einführende Kapitel ist für jeden gedacht, der sich von der Vielfalt an Küchengeräten, den komplex erscheinenden Apparaten und der geheimnisvollen Kunst der Essenszubereitung überwältigt fühlt. Hier entmystifizieren wir die Küche und zerlegen sie in ihre wesentlichen Bestandteile, von der Bedeutung eines gut organisierten Arbeitsbereichs bis hin zur Auswahl der unverzichtbaren Geräte, die zu Verlängerungen Ihrer eigenen Hände werden.

Wir erläutern die Grundlagen der Sicherheit und Hygiene in der Küche – wichtige Aspekte, die in der Hektik des Kochens oft übersehen werden. Sie werden lernen, wie Sie häufige Unfälle vermeiden, Küchengeräte sicher handhaben und für Sauberkeit sorgen, damit Ihre Kochumgebung sicher und kreativ ist.

Das Küchen-Bootcamp macht Sie auch mit grundlegenden Techniken der Lebensmittellagerung und Zutatenvorbereitung vertraut, sodass Sie bestens vorbereitet sind, bevor Sie überhaupt den Herd anschalten. Wenn Sie diese grundlegenden Fertigkeiten beherrschen, sparen Sie Zeit, minimieren die Verschwendung und verbessern den Geschmack Ihrer Gerichte.

Ganz gleich, ob Sie ein absoluter Anfänger sind oder einfach nur Ihre Fähigkeiten und Ihre Organisation verfeinern wollen, dieses Kapitel verspricht, Ihre Herangehensweise an das Kochen zu verändern. Es geht darum, Vertrauen in Ihre Fähigkeiten aufzubauen und den Grundstein für all die köstlichen Möglichkeiten zu legen, die sich Ihnen bieten. Binden Sie sich also Ihre Schürze um und lassen Sie uns loslegen. Willkommen im Bootcamp – es ist an der Zeit, Ihre Küche in Form zu bringen!

Unverzichtbare Küchengeräte: Optimierung Ihres Equipments

Um sich auf eine kulinarische Reise zu begeben, braucht man nicht nur Können und Zutaten, sondern auch die richtigen Werkzeuge. Allerdings kann es überwältigend sein, sich im Meer der Küchengeräte zurechtzufinden. Aber keine Sorge, Sie müssen Ihren Raum nicht mit allen möglichen Geräten vollstopfen, um effektiv zu kochen. Hier ist eine Übersicht über die wichtigsten Küchengeräte, die das Rückgrat Ihrer kulinarischen Abenteuer bilden und sicherstellen, dass Sie für jedes Rezept gerüstet sind, das Ihnen über den Weg läuft.

Kochmesser: Ihre treue Seitenwaffe

Das Kochmesser ist das unverzichtbare Werkzeug in Ihrem Küchenarsenal. Ein gutes Kochmesser ist vielseitig und kann mit Leichtigkeit hacken, schneiden, würfeln und zerkleinern. Achten Sie auf ein Messer, das sich ausgewogen anfühlt und gut in der Hand liegt. Qualität ist hier wichtig, denn ein gut verarbeitetes Messer kann bei richtiger Pflege ein Leben lang halten.

Schneidebrett: Der unbesungene Held

Kombinieren Sie Ihr Kochmesser mit einem stabilen Schneidebrett. Entscheiden Sie sich für ein Brett, das groß genug ist, um ausreichend Platz für die Vorbereitungen zu bieten, aber nicht so schwerfällig ist, dass es schwer zu reinigen ist. Bambus und Holz sind aufgrund ihrer Langlebigkeit und der Schonung Ihrer Messer eine ausgezeichnete Wahl, aber auch ein hochwertiges Kunststoffbrett kann gut geeignet sein.

Bratpfanne und Kochtopf: Das dynamische Duo

Eine gut gewürzte gusseiserne Bratpfanne und ein mittelgroßer Kochtopf decken eine Vielzahl von Kochaufgaben ab. Die Bratpfanne eignet sich perfekt zum Anbraten, Sautieren und sogar zum Backen, während der Kochtopf für Suppen, Soßen und zum Kochen verwendet wird. Sowohl Edelstahl als auch Gusseisen sind aufgrund ihrer Wärmeverteilung und Haltbarkeit eine gute Wahl.

Backblech: Das Arbeitspferd

Ein robustes Backblech ist von unschätzbarem Wert für alles, vom Braten von Gemüse bis zum Backen von Keksen. Achten Sie auf eine robuste Pfanne, damit sie sich bei hohen Temperaturen nicht verzieht. Mit einem Backblech können Sie problemlos Mahlzeiten für eine größere Gruppe zubereiten oder die Mahlzeiten für die kommende Woche vorbereiten.

Messbecher und Messlöffel: Präzisionsinstrumente

Beim Kochen, insbesondere beim Backen, kommt es oft auf Genauigkeit an. Mit einem Set aus Messbechern und Messlöffeln können Sie sicherstellen, dass Sie die richtige Menge jeder Zutat hinzufügen. Entscheiden Sie sich für Metall und nicht für Kunststoff, um die Haltbarkeit und die Reinigung zu erleichtern.

Rührschüsseln: Der Ort der Zusammenkunft

Ein Set von Rührschüsseln in verschiedenen Größen leistet Ihnen gute Dienste, egal ob Sie einen Salat schwenken oder Teig anrühren. Wählen Sie Materialien, die leicht zu reinigen sind und keine Gerüche annehmen, wie Edelstahl oder Glas.

Spatel und Holzlöffel: Das Rührkommando

Zum Rühren, Wenden und Schaben können Sie mit einem Silikonspatel und einem robusten Holzlöffel nichts falsch machen. Diese Werkzeuge schonen die Oberfläche des Kochgeschirrs und halten hohen Temperaturen stand, ohne zu schmelzen oder sich zu verziehen.

Dosenöffner und Gemüseschäler: Die unterschätzten Essentials

Ein zuverlässiger Dosenöffner und ein scharfer Gemüseschäler sind zwar nicht so glamourös wie andere Werkzeuge, aber sie ersparen Ihnen Zeit und Ärger. Achten Sie auf ein ergonomisches Design, das bequem zu bedienen und leicht zu reinigen ist.

Mit diesen unverzichtbaren Werkzeugen an Ihrer Seite sind Sie bestens für Ihre kulinarische Reise gerüstet. Denken Sie daran, dass die beste Küchenausrüstung die ist, die Sie auch tatsächlich benutzen werden. Beginnen Sie mit den Grundlagen, lernen Sie nach und nach dazu und erweitern Sie Ihre Sammlung, wenn Ihre Fähigkeiten und Interessen wachsen. Willkommen im Bootcamp, Chefkoch. Auf geht's zum Kochen!

Orientierung im Supermarkt: So beherrschen Sie den Markt

Die Grundlage einer guten Küche sind gute Zutaten. Der Gang ins Lebensmittelgeschäft kann sich jedoch manchmal wie ein Irrgarten anfühlen – Gänge über Gänge mit Angeboten und Etiketten, die um Ihre Aufmerksamkeit buhlen. Aber mit ein bisschen Wissen und einem Plan in der Hand können Sie sich wie ein Profi durch den Supermarkt bewegen und sicherstellen, dass Sie die frischesten Zutaten bekommen, ohne auf Marketingtricks oder unnötige Einkäufe hereinzufallen. Hier erfahren Sie, wie Sie effizient einkaufen, die frischesten Produkte auswählen und die kryptischen Lebensmitteletiketten entziffern können.

Planen Sie voraus: Machen Sie einen Plan, bevor Sie das Geschäft betreten. Das bedeutet, dass Sie eine detaillierte Einkaufsliste erstellen, die auf den Mahlzeiten basiert, die Sie in der Woche zubereiten wollen. Das spart nicht nur Zeit und verhindert zielloses Herumirren, sondern hilft auch, Impulskäufe zu vermeiden, die Ihre Rechnung in die Höhe treiben und Ihren Vorratsschrank mit unnötigen Dingen vollstopfen können.

Beginnen Sie am Rand: Die frischesten Lebensmittel wie Obst, Gemüse, Fleisch und Milchprodukte finden Sie üblicherweise an den Außenwänden des Ladens. Beginnen Sie Ihren Einkauf hier und füllen Sie Ihren Einkaufswagen mit Vollwertkost. In den mittleren Gängen befinden sich verarbeitete Lebensmittel, die zwar praktisch sind, aber oft weniger nahrhaft und pro Portion teurer. Halten Sie sich an Ihre Liste, aber seien Sie flexibel genug, um saisonale Produkte oder Ausverkäufe von Grundnahrungsmitteln zu nutzen.

Die Auswahl frischer Obst- und Gemüsesorten: Nutzen Sie Ihre Sinne als Ihre wichtigsten Werkzeuge. Achten Sie auf leuchtende Farben und eine feste Konsistenz. Vermeiden Sie Produkte mit Druckstellen, Flecken oder verwelkten Blättern, da dies Anzeichen von Alter oder schlechter Handhabung sind. Um den besten Geschmack und Nährwert zu erhalten, wählen Sie saisonale Produkte - sie sind wahrscheinlich frischer und günstiger.

Fleisch- und Meeresfrüchte-Etiketten verstehen: Obwohl die Auswahl von Fleisch und Meeresfrüchten herausfordernd sein kann, helfen Ihnen einige Tipps dabei, die beste Qualität zu erkennen. Achten Sie bei Fleisch auf die Farbe (es sollte hell und gleichmäßig sein) und den Geruch (es sollte nicht zu scharf sein). Bei Meeresfrüchten ist die Frische entscheidend; sie sollten nach Meer und nicht nach Fisch riechen. Siegel wie "grasgefüttert", "biologisch" oder "wild gefangen" können auf eine höhere Qualität hinweisen, sind aber auch mit einem höheren Preis verbunden. Entscheiden Sie, was für Sie und Ihr Budget wichtig ist.

Lebensmitteletiketten entschlüsseln: Vorsicht, Lebensmitteletiketten sind oft irreführend. Begriffe wie 'natürlich' oder 'gesund' sind weniger streng reguliert als angenommen. Achten Sie stattdessen auf die Zutatenliste und die Nährwertangaben. Je weniger Zutaten und je erkennbarer sie sind, desto besser. Achten Sie auf einen hohen Gehalt an zugesetztem Zucker, Natrium und ungesunden Fetten.

Großmengen kaufen: Sparen Sie Geld bei Trockenwaren und Basislebensmitteln wie Reis, Bohnen und Nüssen, indem Sie Großpackungen nutzen. Sie können genau die Menge kaufen, die Sie brauchen, was den Abfall minimiert und Ihre Vorratskammer übersichtlich hält. Achten Sie nur darauf, dass Sie die Produkte zu Hause richtig lagern, damit sie frisch bleiben.

Setzen Sie auf Eigenmarken: Häufig sind Eigenmarken oder generische Produkte den Markenprodukten sehr ähnlich, jedoch deutlich preiswerter. Lassen Sie sich nicht von Markentreue beeinflussen, wenn es um Grundzutaten geht; Ihr Geldbeutel und Ihre Gerichte werden es Ihnen danken.

Um sich im Lebensmittelgeschäft sicher zu bewegen, braucht man Vorbereitung, Wissen und ein wenig Übung. Wenn Sie klug einkaufen und sich auf frische, vollwertige Zutaten konzentrieren, schaffen Sie die Voraussetzungen für kulinarischen Erfolg, noch bevor Sie den Ofen vorheizen. Viel Spaß beim Einkaufen!

Sicherheit geht vor: Grundlegende Sicherheits- und Hygienemaßnahmen in der Küche

Die Küche ist ein Raum kulinarischer Kreativität und köstlicher Ergebnisse, jedoch müssen Sicherheit und Hygiene hier oberste Priorität haben. Jedes Jahr kommt es zu unzähligen Verletzungen und gesundheitlichen Problemen, weil die Sicherheit in der Küche nicht beachtet wird. Als angehender Küchenchef in der Brotherhood of Culinary Skills ist es wichtig, von Anfang an sichere und hygienische Gewohnheiten zu etablieren. Hier sind die grundlegenden Sicherheits- und Hygienemaßnahmen für die Küche, die dafür sorgen, dass Sie ohne Verletzungen und Zwischenfälle kochen können.

Sauberkeit bewahren: Hygiene ist das Fundament der Küchensicherheit. Waschen Sie sich regelmäßig die Hände mit Wasser und Seife, bevor Sie mit Lebensmitteln hantieren, nachdem Sie rohes Fleisch angefasst haben, und nach jeder Unterbrechung, wie z. B. dem Umgang mit Müll oder dem Gang zur Toilette. Halten Sie Ihre Kochflächen, Utensilien und Geräte sauber. Verwenden Sie separate Schneidebretter für rohes Fleisch und Gemüse, um Kreuzkontaminationen zu vermeiden.

Scharfe Messer – Freund und Feind: Ein scharfes Messer ist sicherer als ein stumpfes, da es weniger Kraft erfordert und die Gefahr, dass das Messer abrutscht, geringer ist. Scharfe Messer erfordern jedoch Respekt und einen sorgfältigen Umgang. Schneiden Sie immer vom Körper weg, halten Sie die Finger eingeklemmt und reinigen Sie die Messer sofort mit der Hand, anstatt sie in der Spüle liegen zu lassen. Bewahren Sie Messer in einem Block oder auf einem Magnetstreifen auf, nicht lose in einer Schublade.

Grundlegende Feuersicherheitstipps: Unbeaufsichtigtes Kochen zählt zu den häufigsten Ursachen für Küchenbrände. Lassen Sie den Herd oder Backofen nie an, wenn Sie nicht in der Küche sind. Halten Sie brennbare Gegenstände - wie Handtücher, Papierprodukte, und Topflappen - von der Herdplatte fern. Wissen Sie, wie man verschiedene Arten von Bränden löscht: Ersticken Sie Fettbrände mit einem Deckel oder Backpulver, niemals mit Wasser, und halten Sie immer einen funktionierenden Feuerlöscher bereit.

Vorsicht vor Hitze: Verbrennungen durch heiße Pfannen, spritzendes Öl oder Dampf sind in der Küche schnell passiert. Verwenden Sie Ofenhandschuhe oder Topflappen, wenn Sie heiße Gegenstände anfassen. Seien Sie vorsichtig, wenn Sie die Deckel von Töpfen und Pfannen öffnen, da Dampf Verbrennungen verursachen kann. Geben Sie beim Braten die Speisen vorsichtig in das Öl, um Spritzer zu vermeiden, und halten Sie einen Deckel bereit, um die Pfanne bei Bedarf abzudecken.

Verhindern Sie Ausrutschen und Stürze: Verschüttetes sollte sofort aufgewischt werden, um Ausrutschen zu vermeiden. Achten Sie darauf, dass Ihr Küchenboden frei von Unordnung ist, dass Teppiche gesichert sind und dass Sie beim Kochen Schuhe mit guter Bodenhaftung tragen.

Korrekte Lagerung und Umgang mit Lebensmitteln: Eine fachgerechte Aufbewahrung von Lebensmitteln ist entscheidend, um Lebensmittelvergiftungen vorzubeugen. Kühlen Sie verderbliche Lebensmittel innerhalb von zwei Stunden und achten Sie auf das Verfallsdatum. Verwenden Sie ein Lebensmittelthermometer, um sicherzustellen, dass das Fleisch auf eine sichere Innentemperatur gegart wird: 74°C (165°F) für Geflügel, 71°C (160°F) for Hackfleisch, und 63°C (145°F) for ganze Stücke von Rind, Schwein, Lamm und Kalb.

Elektrische Sicherheit: Bewahren Sie elektrische Geräte fern von Feuchtigkeit und stellen Sie sicher, dass Ihre Hände trocken sind, bevor Sie Geräte einstecken oder verwenden. Ziehen Sie den Stecker aus der Steckdose, wenn Sie die Geräte nicht benutzen, insbesondere solche mit Klingen oder Heizelementen.

Wenn Sie diese grundlegenden Sicherheits- und Hygienemaßnahmen in der Küche einhalten, schützen Sie nicht nur sich selbst, sondern sorgen auch für das Wohlbefinden derjenigen, die Ihre kulinarischen Kreationen genießen. Sicherheit und Sauberkeit sind die Zutaten, auf die kein Rezept verzichten kann. Ziehen Sie also Ihre Schürze an und seien Sie sicher, dass Sie gut gerüstet sind, um sich in der Küche sicher und hygienisch zu bewegen. Viel Spaß beim sicheren Kochen!

Kapitel 2: Grundlagen meistern

Eine Leidenschaft fürs Essen allein genügt nicht für eine kulinarische Reise. Es erfordert solide Grundkenntnisse in den grundlegenden Fähigkeiten und Techniken, die das Fundament des Kochens darstellen. Willkommen zu "Grundlagen meistern", dem Kapitel, das Ihnen essentielle kulinarische Fähigkeiten vermittelt, die notwendig sind, um rohe Zutaten in köstliche Mahlzeiten zu verwandeln. Ob Sie ein absoluter Anfänger sind oder Ihre Fähigkeiten auffrischen möchten, dieses Kapitel dient als Ihr Leitfaden zu mehr Selbstvertrauen und Kompetenz in der Küche.

In diesem Abschnitt bringen wir Ihnen die Messertechniken bei, damit Sie präzise und sicher hacken, würfeln und schneiden können. Wir entmystifizieren die Prozesse des Kochens, Köchelns, Bratens und Röstens – Techniken, die essenziell für unzählige Rezepte sind.

"Grundlagen meistern" fokussiert sich nicht auf komplexe Gerichte oder exotische Zutaten; stattdessen zielen wir darauf ab, einfache, aber wesentliche Fähigkeiten zu verfeinern. Mit Schritt-für-Schritt-Anleitungen, praktischen Tipps und einem Schwerpunkt auf fundamentalen Techniken bereitet dieses Kapitel die Bühne für all Ihre zukünftigen kulinarischen Abenteuer.

Am Ende dieses Kapitels werden Sie mit genügend Selbstvertrauen ausgestattet sein, um jedes Rezept meisterhaft umzusetzen, flexibel zu bleiben und Ihre Kochkunst mit Kreativität und Stil zu bereichern. Also, lasst uns die Messer schärfen, den Herd anheizen und die Grundlagen des Kochens Schritt für Schritt erlernen.

Messerkenntnisse 101: Hacken, Schneiden und Würfeln wie ein Profi

Das Erlernen der Messertechnik ist wie das Lernen des Alphabets, bevor man sich an das Schreiben von Gedichten wagt. Es bildet die Basis, auf der all Ihre kulinarischen Kreationen aufbauen. Ein scharfes Messer und ein wenig Know-how können Ihre Kochfähigkeiten von gut zu großartig transformieren und Ihre Arbeit in der Küche effizienter und angenehmer machen. Lassen Sie uns diese Fähigkeiten verbessern.

Wählen Sie Ihr Messer: Stellen Sie sicher, dass Sie das richtige Werkzeug zur Hand haben, bevor Sie beginnen. Ein Kochmesser, in der Regel 20 bis 25 cm lang, ist das vielseitigste Werkzeug für nahezu jede Küchenaufgabe. Es sollte sich angenehm und ausgewogen in Ihrer Hand anfühlen. Halten Sie es scharf; ein stumpfes Messer ist gefährlicher, weil es mehr Kraft erfordert und leichter abrutschen kann.

Der professionelle Griff: Die Art, wie Sie das Messer halten, ist entscheidend. Greifen Sie den Griff mit Ihrer dominanten Hand und platzieren Sie Daumen und Zeigefinger an den gegenüberliegenden Seiten der Klinge, nahe am Klingenrücken (jedoch nicht auf der Schneide). Dieser Griff bietet Ihnen maximale Kontrolle und Präzision.

Stabilisieren der Lebensmittel: Ihre andere Hand stabilisiert die Zutaten. Krümmen Sie Ihre Finger zu einer „Klaue", wobei Ihre Knöchel das Messer leiten. Diese Technik schützt Ihre Finger.

Hacken: Beim Hacken kommt es nicht auf gleichmäßige Stücke an; diese Technik ist ideal, wenn es schnell gehen muss. Heben Sie das Messer an und führen Sie es durch das Essen, wobei Ihre Knöchel als Führung dienen. Bewegen Sie das Essen nach Bedarf und halten Sie die Messerspitze auf dem Brett, während Sie das Messer auf- und abbewegen.
Schneiden: Diese Methode dient dazu, dünnere und gleichmäßigere Stücke zu erzeugen. Führen Sie das Messer sanft und kontrolliert nach vorne und unten, wobei die Klinge die Arbeit übernimmt.

Würfeln: Ähnlich dem Hacken, zielt jedoch auf die Herstellung gleichmäßiger Würfel ab. Schneiden Sie die Lebensmittel zuerst in Scheiben, dann in Streifen und schließlich quer in Würfel. Präzision ist entscheidend, da gleichmäßige Stücke gleichmäßig garen.

Julienne-Schneiden: Diese Technik erzeugt lange, dünne Streifen, ideal für Pfannengerichte oder als Garnierung. Schneiden Sie zunächst dünne Scheiben, stapeln Sie diese und schneiden Sie dann in dünne Streifen. Geduld und eine ruhige Hand sind für schöne Julienne-Schnitte entscheidend.

Sicherheitstipps:
- Nutzen Sie stets ein stabiles Schneidebrett. Ein darunter gelegtes feuchtes Tuch kann das Rutschen verhindern.
- Halten Sie Ihr Messer sauber und trocken, um Rutschgefahr zu minimieren.
- Bleiben Sie fokussiert; Ablenkungen können zu Unfällen führen.
- Übung macht den Meister. Beginnen Sie langsam, und mit wachsendem Selbstvertrauen und Geschick werden Sie schnell Fortschritte machen.

Messerfertigkeiten sind der Grundstein für effizientes und angenehmes Kochen. Sie verwandeln die Zutatenzubereitung von einer lästigen Pflicht in eine Kunstform. Mit zunehmender Übung werden Sie Gemüse und Kräuter mühelos schneiden und mit jedem Schnitt Ihre kulinarischen Fähigkeiten verbessern. Denken Sie daran: Der Weg zum Küchenprofi beginnt mit dem einfachen Akt des Schneidens.

Die Kunst des Würzens: Geschmacksverstärkung mit Salz, Pfeffer und Gewürzen

Würzen ist die Seele des Kochens. Es ist das, was eine Handvoll einfacher Zutaten in eine Sinfonie von Aromen verwandelt, die den Gaumen erfreuen. Doch gerade in der Kunst des Würzens fühlen sich viele aufstrebende Köche unsicher. Keine Sorge, denn diese Kunst zu beherrschen ist einfacher, als es scheint, und sie beginnt mit dem kulinarischen Dreigestirn: Salz, Pfeffer und Gewürze.

Salz: Der Geschmacksverstärker

Salz ist das essenzielle Würzmittel in der Küche, das in der Lage ist, die natürlichen Aromen der Zutaten zu heben. Es geht nicht nur darum, das Essen salzig zu machen; es geht darum, Salz einzusetzen, um die Aromen eines Gerichts zu verstärken und auszugleichen. Der Schlüssel liegt darin, schichtweise zu würzen und währenddessen zu probieren. Beginnen Sie früh im Kochprozess mit einer kleinen Menge Salz, um die Aromen zu verbinden und zu vertiefen, und passen Sie es dann nach Bedarf vor dem Servieren an.

Salzarten: Erkunden Sie mehr als nur Speisesalz. Koscheres Salz mit seiner groben Textur eignet sich hervorragend zum Würzen von Fleisch und Gemüse, da es leicht zu handhaben ist und sich gleichmäßig auflöst. Meersalz, erhältlich in feinen oder groben Kristallen, verleiht den Gerichten eine spritzige Geschmacksnote. Für den letzten Schliff kann flockiges Meersalz Textur und einen nuancierteren Geschmack hinzufügen.

Pfeffer: Das Gewürz des Lebens
Pfeffer, oft in Kombination mit Salz verwendet, ist mehr als nur ein Nebendarsteller. Er verleiht Tiefe und eine subtile Schärfe, die Geschmacksnoten hervorheben kann. Frisch gemahlener schwarzer Pfeffer ist weit überlegen gegenüber vorgemahlenem, da er mehr von seinen scharfen Ölen und seinem lebendigen Aroma bewahrt. Nutzen Sie ihn zum Würzen von Fleisch vor dem Kochen, um eine schön gebräunte Kruste zu erzielen, oder geben Sie ihn in Saucen und Suppen, um eine zusätzliche Geschmacksebene zu schaffen.

Pfeffersorten: Schwarzer Pfeffer ist nur der Anfang. Weißer Pfeffer, milder und weniger scharf, ist perfekt für helle Gerichte, bei denen Sie den Geschmack ohne die schwarzen Punkte wünschen. Grüne Pfefferkörner bieten eine frische, leicht säuerliche Schärfe, während rote Pfefferkörner eine süßere, komplexere Schärfe auf den Tisch bringen.

Gewürze: Die Farbpalette des Geschmacks
Gewürze entfalten die eigentliche Magie des Würzens und bieten eine endlose Vielfalt an Geschmacksrichtungen aus der ganzen Welt. Der Schlüssel zum Einsatz von Gewürzen liegt in der Balance; zu wenig und Sie verpassen die Chance, Ihr Gericht zu verfeinern, zu viel und Sie riskieren, die Hauptzutaten zu überdecken.

1. *Aufbau einer Gewürzsammlung:* Starten Sie mit den Basics – Kreuzkümmel, Koriander, Paprika und Chilipulver – und erweitern Sie Ihre Sammlung allmählich. Ganze Gewürze, die gemahlen werden müssen, sind langlebiger und bieten frischere Aromen als vorgemahlene Varianten.
2. *Rösten für den Geschmack:* Das Rösten von Gewürzen in einer trockenen Pfanne kann deren Geschmack und Aroma erheblich steigern, bevor sie gemahlen werden. Dieser einfache Schritt kann das Geschmacksprofil eines Gewürzes verändern und nussige, warme und komplexe Aromen freisetzen.
3. *Kombinieren von Gewürzen:* Experimentieren Sie mit selbst hergestellten oder gekauften Gewürzmischungen, um Geschmacksprofile zu entdecken, die Sie begeistern. Von der Wärme des Garam Masala bis zur rauchigen Tiefe des Chipotle-Pulvers – Gewürze können Ihre Gerichte kulinarisch um die Welt führen.

Würzen ist ein fortlaufendes Experiment, ein Dialog zwischen dem Koch und den Zutaten. Es geht darum, Aromen aufzubauen und auszubalancieren, um Gerichte zu kreieren, die mehr sind als die Summe ihrer Teile. Denken Sie daran, dass die beste Würzung aus Vertrauen, Neugier und einem Hauch von Kühnheit entsteht. Also voran, würzen Sie gezielt, probieren Sie oft, und beobachten Sie, wie Ihre kulinarischen Kreationen mit jedem Prisen und jedem Spritzer zum Leben erwachen.

Kochtechniken, die jeder Mann kennen sollte: Beherrschung der Grundlagen

Kochen ist im Grunde eine Kunst, die jedoch auf dem Fundament der Technik aufgebaut ist. Die Beherrschung einiger grundlegender Kochtechniken kann Ihren Umgang mit Lebensmitteln revolutionieren und es Ihnen ermöglichen, eine breite Palette von Rezepten in Angriff zu nehmen und mit Selbstvertrauen zu improvisieren. Hier sind die wichtigsten Kochtechniken, die jeder Mann beherrschen sollte – vom perfekten Kochen von Nudeln bis zum saftigen Grillen eines Steaks.

Kochen und Simmern: Das Kochen ist nicht nur für Nudeln geeignet, sondern auch eine grundlegende Methode für das Garen von Gemüse, Getreide und Hülsenfrüchten. Wichtig ist, einen großen Topf mit Wasser zu nutzen, sodass die Lebensmittel genügend Platz haben, sich zu bewegen. Salzen Sie das Wasser, um den Geschmack zu verstärken. Nudeln sollten "al dente" gekocht werden – zart, aber mit einem leichten Biss. Das Simmern ist eine sanftere Methode, ideal für Suppen, Eintöpfe und Saucen, bei der sich die Aromen ohne die heftige Bewegung kochenden Wassers vermischen und vertiefen können. Simmern erkennen Sie an kleinen Bläschen, die an der Oberfläche aufsteigen, und es sollte durch Anpassen der Hitze reguliert werden.

Sautieren und Braten: Beim Sautieren garen Sie Lebensmittel schnell in einer kleinen Menge Fett bei relativ hoher Hitze. Ziel ist es, die Lebensmittel zu bräunen, während sie zart und saftig bleiben. Verwenden Sie eine ausreichend große Pfanne, um Überfüllung zu vermeiden, welche die Lebensmittel eher dämpft als bräunt. Beim Braten in der Pfanne, das mehr Fett erfordert, eignet sich besonders gut für das Garen von Fleisch, Fisch und Eiern. Es ist wichtig, dass Sie die Pfanne und das Öl vorher erhitzen, damit die Lebensmittel eine schöne, knusprige Oberfläche erhalten.

Braten und Backen: Braten und Backen sind Trockenhitze-Methoden; Braten wird typischerweise für Gemüse und Fleisch verwendet, während Backen für Brot, Gebäck und Aufläufe reserviert ist. Ein Geheimnis guten Bratens ist ein heißer Ofen (über 200°C) und Geduld. Beim Braten entstehen tiefe Aromen und Texturen, insbesondere wenn Sie Fleisch und Gemüse gut bräunen lassen.

Grillen: Grillen ist ideal zum Garen von Fleisch und verleiht diesem einen rauchigen Geschmack, der sonst schwer zu erreichen ist. Unabhängig davon, ob Sie einen Gas- oder Holzkohlegrill verwenden, ist es wichtig, den Grill vorzuheizen und direkt über der Hitze zu garen. Wenn Sie lernen, Flammenbildung zu kontrollieren und ein Fleischthermometer zu nutzen, stellen Sie sicher, dass Ihr Grillgut sicher und perfekt zubereitet wird.

Dämpfen: Dämpfen ist eine besonders schonende Garmethode, die Farbe, Textur und Nährstoffe von Gemüse und Fisch bewahrt. Nutzen Sie einen Dämpfeinsatz über einem Topf mit kochendem Wasser, wobei das Wasser den Boden des Einsatzes nicht berühren sollte. Garen Sie die Lebensmittel, bis sie gerade zart sind, um ihre natürlichen Eigenschaften zu erhalten.

Grillen (Broiling): Grillen ist das Garen von Lebensmitteln mit starker Hitze von oben und eignet sich hervorragend zum schnellen Garen von dünnen Fleischstücken, Fisch oder Gemüse. Achten Sie darauf, da die hohe Hitze das Essen schnell verbrennen lassen kann.

Schmoren und Dünsten: Diese langsamen Garmethoden nutzen eine Kombination aus feuchter und trockener Hitze. Beim Schmoren garen größere Fleischstücke in wenig Flüssigkeit bei niedriger Temperatur, beim Dünsten sind kleinere Fleisch- und Gemüsestücke vollständig von Flüssigkeit umgeben. Beide Methoden machen zähes Fleisch zart und schmackhaft.

Die Beherrschung dieser grundlegenden Techniken macht Sie nicht nur zu einem kompetenten Koch, sondern eröffnet Ihnen auch eine Welt voller kulinarischer Möglichkeiten. Denken Sie daran: Beim Kochen geht es nicht um komplizierte Tricks oder komplexe Rezepte – es geht darum, die Grundlagen zu verstehen und sie mit Sorgfalt und Kreativität anzuwenden.

Kapitel 3: Einfach Gewinnen – Frühstücksedition

Wir verwandeln die erste Mahlzeit des Tages von einer hektischen, oft vernachlässigten Routine in ein kulinarisches Highlight. Dieses Kapitel widmet sich all jenen, die glauben, dass ein herzhaftes, köstliches Frühstück den Ton für den ganzen Tag setzt, die aber entweder keine Zeit haben oder nicht wissen, wo sie in der Küche anfangen sollen.

Im Mittelpunkt dieser Ausgabe stehen Eier – vielseitig, nahrhaft und allgemein beliebt. Eier sind die unbesungenen Helden des Frühstückstisches, die in eine Vielzahl von Gerichten für jeden Geschmack und Anlass transformiert werden können. Egal, ob Sie ein Kochneuling sind oder Ihr morgendliches Repertoire um ein paar neue Rezepte erweitern möchten, „ Die ultimativen Eier: Rührei, Spiegelei, pochierte und gekochte Eier " bietet einfache, narrensichere Techniken, um diese Frühstücksklassiker zu meistern.

Von der weichen, butterigen Konsistenz eines perfekt gerührten Rühreis über die knusprigen Ränder eines Spiegeleis bis hin zur zarten Konsistenz eines pochierten Eies und der simplen Zufriedenheit eines gekochten Eies – wir decken alles ab. Diese Methoden dienen nicht nur dem Kochen von Eiern, sondern auch der Verfeinerung Ihrer Fähigkeiten und der Erweiterung Ihrer kulinarischen Möglichkeiten.

Eier sind eine Leinwand für Ihre Kreativität, und mit ein paar zusätzlichen Zutaten sowie diesen grundlegenden Techniken werden Sie in der Lage sein, jeden Tag der Woche ein meisterhaftes Frühstück zu zaubern. Also schlagen Sie dieses Kapitel (und ein paar Eier) auf, und machen Sie sich daran, ein Frühstücksliebhaber zu werden.

Die ultimativen Eier: Rezepte für ein meisterhaftes Frühstück

Willkommen zu dem Kapitel, das Ihre Sicht auf das Frühstück grundlegend wandeln und Sie zum unangefochtenen Meister der Eierküche krönen wird. "Die ultimativen Eier: Rezepte für ein meisterhaftes Frühstück" ist weit mehr als nur ein Kapitel; es ist eine kulinarische Expedition in die Welt der endlosen Möglichkeiten, die sich mit nur drei einfachen Zutaten entfalten: Eier, Salz und ein Hauch von Zauber. Sehen Sie Ihren Kühlschrank als Ihren Vorratsschrank, Ihre Pfanne als Ihren Pinsel und jeden Morgen als eine unbeschriebene Leinwand, die darauf wartet, in ein Meisterwerk verwandelt zu werden.

1. Klassisches französisches Omelett

Zubereitungszeit: 5 Minuten | Portionen: 1 | Kochzeit: 5 Minuten

Zutaten:
- 3 große Eier
- 2 Esslöffel Butter
- Salz und Pfeffer zum Abschmecken
- Optionale Füllungen (z. B. Käse, Kräuter, Gemüse)

Anweisungen:
1. Zutaten vorbereiten: Die Eier in eine Schüssel aufschlagen und mit einem Schneebesen verquirlen, bis sie gut vermischt sind. Wenn Sie Füllungen verwenden möchten, diese jetzt fein hacken und beiseite stellen.
2. Die Pfanne erhitzen: Eine antihaftbeschichtete Pfanne auf mittlere Hitze stellen und 1 Esslöffel Butter hinzufügen. Die Butter schmelzen lassen, sodass sie den Boden der Pfanne gleichmäßig bedeckt.
3. Die Eier kochen: Sobald die Butter geschmolzen und die Pfanne heiß ist, die verquirlten Eier hinzufügen. Kurz warten, bis die Ränder zu stocken beginnen.
4. Strudeln und Falten: Mit einem Spatel die festen Ränder des Omeletts vorsichtig zur Mitte drücken, während Sie die Pfanne leicht kippen, damit das noch flüssige Ei an den Rand fließen kann. Diesen Vorgang fortsetzen, bis die Eier größtenteils fest sind, jedoch oben noch leicht feucht.
5. Füllungen hinzufügen (optional): Die vorbereiteten Füllungen gleichmäßig auf einer Hälfte des Omeletts verteilen.

6. Omelett falten: Das Omelett mit dem Spatel in der Mitte falten, sodass die Füllung umschlossen ist. Leicht andrücken, um das Omelett zu verschließen.
7. Fertig garen: Das Omelett noch 1 bis 2 Minuten weitergaren, bis es vollständig durch ist, aber innen noch saftig bleibt.
8. Anrichten und servieren: Das fertige Omelett auf einen Teller gleiten lassen. Nach Geschmack mit Salz und Pfeffer würzen. Heiß servieren und genießen.

Nährwertangaben pro Portion: Kalorien: 270 kcal ~ Eiweiß: 18g ~ Kohlenhydrate: 1g ~ Fett: 22g ~ Gesättigtes Fett: 11g ~ Cholesterin: 585mg ~ Ballaststoffe: 0g ~ Zucker: 1g

2. Herzhaftes Rührei mit Spinat und Feta

Zubereitungszeit: 5 Minuten | Portionen: 1 | Kochzeit: 7 Minuten

Zutaten:
- 3 große Eier
- 100g frischer Blattspinat, kleingeschnitten (entspricht etwa 1 Tasse)
- 50g zerbröckelter Feta-Käse (entspricht etwa 1/4 Tasse)
- 1 Esslöffel Butter oder Olivenöl
- Salz und Pfeffer zum Abschmecken

Anweisungen:
1. Zutaten vorbereiten: Die Eier in eine Schüssel aufschlagen und mit einem Schneebesen kräftig verquirlen. Den frischen Blattspinat hacken und den Feta-Käse zerbröseln. Beides beiseite stellen.
2. Die Pfanne erhitzen: Eine antihaftbeschichtete Pfanne auf mittlerer Stufe erhitzen und die Butter oder das Olivenöl hinzufügen. Die Butter schmelzen lassen oder das Öl erwärmen, bis es den Boden der Pfanne vollständig bedeckt.
3. Spinat kochen: Den gehackten Spinat in die Pfanne geben und 1-2 Minuten dünsten, bis er welk und weich wird.
4. Eier hinzufügen: Die verquirlten Eier zum Spinat in die Pfanne gießen. Kurz warten, bis die Eier an den Rändern zu stocken beginnen.
5. Verrühren: Mit einem Pfannenwender die gestockten Eier vorsichtig zur Mitte der Pfanne schieben, während die Pfanne leicht gekippt wird, damit das noch flüssige Ei zu den Rändern fließt. Diesen Vorgang wiederholen, bis die Eier größtenteils fest sind, aber noch leicht cremig im Zentrum.
6. Feta hinzufügen: Den zerbröckelten Feta gleichmäßig über das Rührei streuen. Alles zusammen noch etwa eine Minute braten, bis die Eier vollständig gestockt und der Käse geschmolzen ist.
7. Würzen: Mit Salz und Pfeffer abschmecken und alles vorsichtig umrühren, um Spinat und Feta gleichmäßig zu verteilen.
8. Anrichten und servieren: Das fertige Rührei auf einen Teller geben und heiß servieren. Guten Appetit!

Nährwertangaben pro Portion: Kalorien: 330 kcal ~ Eiweiß: 21g ~ Kohlenhydrate: 4g ~ Fett: 25g ~ Gesättigtes Fett: 11g ~ Cholesterin: 585mg ~ Ballaststoffe: 1g ~ Zucker: 2g

3. Spiegeleier mit Avocado-Toast

Zubereitungszeit: 10 Minuten | Kochzeit: 5 Minuten | Portionen: 1

Zutaten:
- 2 große Eier
- 1 reife Avocado
- 2 Scheiben Brot (Vollkornbrot oder Ihrer Wahl)
- 1 Esslöffel Butter oder Olivenöl

- Salz und Pfeffer, zum Abschmecken
- Optional: gehackte Kräuter, Chilisauce, Kirschtomaten

Anweisungen:
1. Zutaten vorbereiten: Die Avocado längs halbieren, den Stein entfernen und das Fruchtfleisch mit einem Löffel auslösen und in eine Schüssel geben. Mit einer Gabel die Avocado zerdrücken, bis sie cremig ist. Die Brotscheiben toasten, bis sie goldbraun sind.
2. Spiegeleier zubereiten: Eine antihaftbeschichtete Pfanne auf mittlerer Hitze erwärmen und Butter oder Olivenöl hinzufügen. Nachdem die Pfanne heiß ist, die Eier vorsichtig einzeln in die Pfanne schlagen. Braten lassen, bis das Eiweiß fest ist, aber das Eigelb noch flüssig bleibt, etwa 3-4 Minuten. Mit Salz und Pfeffer würzen.
3. Avocado-Toast vorbereiten: Die zerdrückte Avocado gleichmäßig auf den getoasteten Brotscheiben verteilen.
4. Anrichten und servieren: Legen Sie die Spiegeleier vorsichtig auf den Avocado-Toast. Nach Wunsch zusätzlich mit Salz und Pfeffer würzen. Optional mit gehackten Kräutern, Chilisauce oder halbierten Kirschtomaten garnieren.
5. Genießen: Sofort heiß servieren und genießen.

Nährwertangaben pro Portion: Kalorien: 480 kcal ~ Eiweiß: 17g ~ Kohlenhydrate: 32g ~ Fett: 34g ~ Gesättigtes Fett: 9g ~ Cholesterin: 370mg ~ Ballaststoffe: 12g ~ Zucker: 3g

4. Eggs Benedict mit hausgemachter Hollandaise

Zubereitungszeit: 15 Minuten | Kochzeit: 10 Minuten | Portionen: 2

Zutaten:
- 4 große Eier
- 2 englische Muffins, halbiert und getoastet
- 4 Scheiben kanadischer Speck oder Schinken
- Für die Sauce Hollandaise:
- 2 große Eigelb
- 1 Esslöffel Zitronensaft
- 120 ml ungesalzene Butter, geschmolzen
- Eine Prise Salz
- Eine Prise Cayennepfeffer (optional)

Anweisungen:
1. Zutaten vorbereiten: Die englischen Muffins teilen und goldbraun toasten. Den kanadischen Speck oder die Schinkenscheiben in einer Pfanne bei mittlerer Hitze braten, bis sie knusprig sind. Gleichzeitig mit Schritt 4 die Eier pochieren und die Sauce Hollandaise vorbereiten.
2. Sauce Hollandaise zubereiten: Eigelb und Zitronensaft in einer hitzebeständigen Schüssel verquirlen, bis sie gut vermischt sind. Stellen Sie die Schüssel über einen Topf mit simmerndem Wasser (Wasserbad), und schlagen Sie die Mischung ständig.
3. Butter einrühren: Nach und nach die geschmolzene Butter unter ständigem Rühren einfließen lassen. Weiterschlagen, bis die Sauce dick und cremig wird, etwa 3-5 Minuten. Achten Sie darauf, dass die Eier nicht stocken.
4. Eier pochieren: In einem großen Topf ca. 5 cm Wasser zum leichten Köcheln bringen. Jedes Ei in eine kleine Schüssel schlagen. Schieben Sie die Eier vorsichtig nacheinander in das köchelnde Wasser. Lassen Sie die Eier 3-4 Minuten garen, bis das Eiweiß fest und das Eigelb noch flüssig ist.
5. Eggs Benedict anrichten: Die getoasteten Muffinhälften auf Teller legen. Jede Hälfte mit einer Scheibe Speck oder Schinken belegen, darauf ein pochiertes Ei setzen.

6. Mit Hollandaise servieren: Geben Sie großzügig die warme Hollandaise über die pochierten Eier.
7. Servieren: Optional mit einer Prise Cayennepfeffer bestreuen. Sofort heiß servieren warm ist..

Nährwertangaben pro Portion: Kalorien: 590 kcal ~ Eiweiß: 21g ~ Kohlenhydrate: 24g ~ Fett: 47g ~ Gesättigtes Fett: 25g ~ Cholesterin: 490mg ~ Ballaststoffe: 2g ~ Zucker: 1g

5. Ultimativer Frühstückswrap mit Speck und Ei

Ein herzhafter Start in den Tag: knuspriger Speck, fluffige Eier und geschmolzener Käse in einer warmen Tortilla. Das perfekte, tragbare Festmahl für den hungrigen Helden auf dem Sprung.

Zubereitungszeit: 10 Minuten | Kochzeit: 10 Minuten | Portionen:
Zutaten:
- 2 Scheiben Speck
- 2 große Eier
- 1 große Mehltortilla
- 1/4 Tasse geschredderter Cheddar-Käse
- 1/4 Tasse gewürfelte Tomaten
- 2 Esslöffel gehackter frischer Spinat oder Kopfsalat
- Salz und Pfeffer zum Abschmecken
- Kochspray oder Butter

Anweisungen:
1. Speck kochen: In einer Pfanne bei mittlerer Hitze die Speckscheiben knusprig braten, etwa 3-4 Minuten pro Seite. Den Speck auf Küchenpapier abtropfen lassen und beiseite stellen.
2. Eier verrühren: In der gleichen Pfanne die Eier aufschlagen und mit einem Spatel verrühren. Mit Salz und Pfeffer abschmecken. Weiter kochen, bis die Eier fluffig und vollständig gegart sind, etwa 2-3 Minuten. Vom Herd nehmen und beiseite stellen.
3. Tortilla erwärmen: Die Mehltortilla in der Pfanne oder in der Mikrowelle für etwa 10-15 Sekunden erwärmen, um sie biegsam zu machen.
4. Wrap vorbereiten: Die warme Tortilla auf eine ebene Fläche legen. Den Cheddar in die Mitte der Tortilla streuen, dann die knusprigen Speckstreifen darauf legen. Die Eier darüber verteilen.
5. Weitere Zutaten hinzufügen: Die Tomatenwürfel und den gehackten Spinat oder Kopfsalat über die Eier streuen.
6. Einwickeln: Die Seiten der Tortilla leicht über die Füllung klappen, dann den unteren Rand über die Füllung falten und fest aufrollen.
7. Wrap anbraten (optional): Den Wrap bei Bedarf in der Pfanne von beiden Seiten anbraten, bis er goldbraun ist und der Käse geschmolzen ist.
8. Servieren: Den Frühstückswrap sofort heiß servieren, ganz oder in Scheiben geschnitten.
9. Genießen: Der perfekte Start in einen energiegeladenen Tag.

Nährwertangaben pro Portion: Kalorien: 490 kcal ~ Eiweiß: 26g ~ Kohlenhydrate: 24g ~ Fett: 32g ~ Gesättigtes Fett: 12g ~ Cholesterin: 390mg ~ Ballaststoffe: 2g ~ Zucker: 2g

6. Shakshuka: Nordafrikanische pochierte Eier in Tomatensoße

Zubereitungszeit: 10 Minuten | Kochzeit: 20 Minuten | Portionen: 2
Zutaten:
- 4 große Eier

- 1 Dose (400g) zerdrückte Tomaten
- 1 Zwiebel, gewürfelt
- 2 Knoblauchzehen, gehackt
- 1 rote Paprikaschote, gewürfelt
- 1 Teelöffel gemahlener Kreuzkümmel
- 1 Teelöffel Paprikapulver
- 1/2 Teelöffel gemahlener Cayennepfeffer (optional)
- Salz und Pfeffer zum Abschmecken
- 2 Esslöffel Olivenöl
- Frische Petersilie oder Koriander zum Garnieren
- Krustenbrot oder Pita zum Servieren

Anweisungen:
1. Zutaten vorbereiten: Die Zwiebel, den Knoblauch und die rote Paprika würfeln.
2. Gemüse anbraten: Olivenöl in einer großen, tiefen Pfanne auf mittlerer Hitze erhitzen. Zwiebel hinzufügen und etwa 5 Minuten dünsten, bis sie weich ist. Knoblauch und Paprika dazugeben und weitere 2-3 Minuten braten, bis alles schön duftet.
3. Gewürze hinzufügen: Kreuzkümmel, Paprikapulver und optional Cayennepfeffer zum Gemüse geben und gut umrühren.
4. Tomatensoße köcheln lassen: Zerdrückte Tomaten zum Gemüse geben. Mit Salz und Pfeffer abschmecken. Alles umrühren und 10-15 Minuten köcheln lassen, bis die Soße leicht eindickt.
5. Wells für Eier herstellen: Mit einem Löffel kleine Mulden in der Soße formen. In jede Mulde vorsichtig ein Ei geben, darauf achten, dass das Eigelb intakt bleibt.
6. Eier pochieren: Die Pfanne mit einem Deckel abdecken und die Eier 5-7 Minuten köcheln lassen, bis das Eiweiß fest, aber das Eigelb noch leicht flüssig ist.
7. Garnieren und servieren: Die Shakshuka mit frischer Petersilie oder Koriander bestreuen und direkt aus der Pfanne servieren.
8. Genießen: Die Shakshuka mit knusprigem Brot oder Pita zum Dippen heiß servieren.

Nährwertangaben pro Portion: Kalorien: 280 kcal ~ Eiweiß: 13g ~ Kohlenhydrate: 17g ~ Fett: 18g ~ Gesättigtes Fett: 4g ~ Cholesterin: 370mg ~ Ballaststoffe: 4g ~ Zucker: 9g

Das Frühstück der Champions: Haferflocken, Pfannkuchen und Smoothies für einen großartigen Start in den Tag

Willkommen im Kapitel über morgendliche Vitalität, „Das Frühstück der Champions". Tauchen Sie mit uns ein in das Reich der puren Energie, wo jeder Bissen Sie einen Schritt näher an den täglichen Triumph bringt. Dies ist mehr als ein Leitfaden, um satt zu werden – es ist ein Manifest für all jene, die jeden Morgen mit der Kraft eines Löwen und der Anmut eines Einhorns den Tag erobern möchten.

Beginnen wir mit der uralten Weisheit der Haferflocken: perfekt für kuschelige Morgen oder als Brennstoff für jene, die mit dem Sonnenaufgang ihren Ambitionen nachjagen. Dann widmen wir uns den Pfannkuchen – nicht den gewöhnlichen, sondern solchen, die selbst die härtesten Wikinger zu Tränen rühren könnten und ein schlichtes Frühstück in ein königliches Mahl verwandeln.

Schließlich stürzen wir uns in die vielfarbige Welt der Smoothies. Jeder Schluck ist ein Fest des Lebens, ein Cocktail des Glücks, der Sie strahlend auf den Tag vorbereitet. Glauben Sie, dass Frühstück nur eine Mahlzeit ist? Bereiten Sie sich vor, es als Ihr Sprungbrett in grenzenlose Möglichkeiten zu erleben. Hier ist jede Zutat ein Superheld, und gemeinsam bilden sie eine Allianz für außergewöhnliche Morgen.

7. Knockout Nutty Banana Oat Bowl

Starten Sie in den Tag mit einer kraftvollen Schüssel Haferflocken, gemischt mit knackigen Nüssen und süßen Bananenscheiben, alles mit einem Hauch von Honig beträufelt. Perfekt für alle, die den Morgen mit Schwung beginnen wollen.

Zubereitungszeit: 5 Minuten | Kochzeit: 5 Minuten | Portionen: 1

Zutaten:
- 1 reife Banane
- 1/2 Tasse Haferflocken
- 1 Tasse Milch (Milchprodukte oder pflanzliche Alternative)
- 1 Esslöffel Erdnussbutter (oder eine Nussbutter nach Wahl)
- 1 Esslöffel Honig oder Ahornsirup
- Optionaler Belag: gehackte Nüsse, zusätzliche Bananenscheiben, Beeren, Zimt

Anweisungen:
1. Zutaten vorbereiten: Die Banane schälen und in Scheiben schneiden. Haferflocken, Milch, Erdnussbutter und Honig oder Ahornsirup bereitstellen.
2. Haferflocken kochen: Haferflocken und Milch in einen kleinen Topf geben und umrühren. Auf mittlerer Hitze zum Kochen bringen, dann auf niedrige Stufe reduzieren und 3-5 Minuten köcheln lassen, bis die Haferflocken weich sind und die Mischung dickflüssig wird.
3. Banane und Erdnussbutter hinzufügen: Die Bananenscheiben, Erdnussbutter und Honig oder Ahornsirup zu den gekochten Haferflocken geben. Alles gut umrühren und eine weitere Minute köcheln lassen, bis die Zutaten heiß und gut vermischt sind.
4. Servieren: Die Haferflockenmischung in eine Schüssel füllen.
5. Garnieren: Optional mit gehackten Nüssen, zusätzlichen Bananenscheiben, Beeren und einer Prise Zimt garnieren.
6. Genießen: Die warme, nussige Bananen-Hafer-Bowl sofort servieren.

Nährwertangaben pro Portion: Kalorien: 450 kcal ~ Eiweiß: 12g ~ Kohlenhydrate: 70g ~ Fett: 15g ~ Gesättigtes Fett: 3g ~ Cholesterin: 10mg ~ Ballaststoffe: 7g ~ Zucker: 31g

8. Grüner Gladiator-Smoothie

Rüsten Sie sich mit diesem Kraftpaket aus Spinat, Avocado und grünem Apfel. Ein erfrischendes und energiespendendes Getränk, das mehr Power hat, als es scheint – ideal für Männer, die bereit sind, ihren Tag mit einer Portion Grün zu starten.

Zubereitungszeit: 5 Minuten | Portionen: 1

Zutaten:
- 1 reife Banane
- 1 Tasse Blattspinat
- 1/2 Tasse gehackte Gurke
- 1/2 Tasse gehackte Ananas (frisch oder gefroren)
- 1/2 Tasse griechischer Joghurt
- 1/2 Tasse Milch (tierisch oder pflanzlich)
- 1 Esslöffel Honig oder Ahornsirup (optional)
- Eiswürfel (nach Belieben)

Anweisungen:
1. Zutaten vorbereiten: Die Banane schälen und in Stücke schneiden. Spinat waschen und abtropfen lassen. Gurke und Ananas ebenfalls in kleine Stücke schneiden.
2. Zutaten pürieren: Alle festen Zutaten zusammen mit dem griechischen Joghurt und der Milch in einen Mixer geben. Für eine süßere Note Honig oder Ahornsirup hinzufügen.
3. Glatt pürieren: Die Mischung auf höchster Stufe pürieren, bis sie cremig und glatt ist. Falls der Smoothie zu dick ist, können Eiswürfel hinzugefügt und weiter gemixt werden, bis die gewünschte Konsistenz erreicht ist.

4. Abschmecken und anpassen: Den Geschmack des Smoothies prüfen und bei Bedarf mit Honig, Ahornsirup oder Milch nachsüßen bzw. die Konsistenz anpassen.
5. Servieren: Den fertigen Smoothie in ein großes Glas füllen und sofort servieren.
6. Genießen: Ihren Grünen Gladiator-Smoothie als vitalisierendes Frühstück oder erfrischende Zwischenmahlzeit genießen.

Nährwertangaben pro Portion: Kalorien: 250 kcal ~ Eiweiß: 14g ~ Kohlenhydrate: 45g ~ Fett: 3g ~ Gesättigtes Fett: 1g ~ Cholesterin: 10mg ~ Ballaststoffe: 5g ~ Zucker: 30g

9. Powerhouse-Erdnussbutter-Haferriegel

Ein energiegeladener Snack für den aktiven Mann: Diese Haferriegel mit Erdnussbutter und optionalen Zartbitterschokoladenstücken geben Ihnen den nötigen Schwung.

Zubereitungszeit: 10 Minuten | Kochzeit:: 20 Minuten | Portionen: 12 Riegel
Zutaten:
- 1 Tasse Haferflocken
- 1/2 Tasse Erdnussbutter (glatt oder knusprig)
- 1/4 Tasse Honig oder Ahornsirup
- 1/4 Tasse gehackte Nüsse (z.B. Mandeln, Erdnüsse, Walnüsse)
- 1/4 Tasse Trockenfrüchte (z.B. Rosinen, Cranberries, gehackte Datteln)
- 1/4 Tasse Schokoladenchips (optional)
- 1/2 Teelöffel Vanilleextrakt
- Eine Prise Salz

Anweisungen:
1. Backofen vorheizen: Stellen Sie den Backofen auf 175°C (350°F). Eine 8x8-Zoll (20x20 cm) Backform einfetten oder mit Backpapier auslegen, das an den Rändern übersteht.
2. Zutaten mischen: In einer großen Schüssel Haferflocken, Erdnussbutter, Honig oder Ahornsirup, gehackte Nüsse, Trockenfrüchte, Schokoladenchips (falls verwendet), Vanilleextrakt und Salz gründlich vermischen.
3. In die Form geben: Die Mischung in die vorbereitete Backform drücken. Nutzen Sie einen Spatel oder die Rückseite eines Löffels, um alles gleichmäßig flach zu drücken.
4. Backen: Für 18-20 Minuten backen, bis die Riegel goldbraun sind.
5. Abkühlen und schneiden: Lassen Sie die Riegel komplett abkühlen, bevor Sie sie anhand des überstehenden Papiers aus der Form heben und auf ein Schneidebrett legen. Schneiden Sie die Masse in 12 gleich große Riegel.
6. Aufbewahren: Die Riegel in einem luftdichten Behälter bei Raumtemperatur für bis zu eine Woche oder im Kühlschrank für eine längere Frische aufbewahren.
7. Genießen: Perfekt als schnelles Frühstück, a

Nährwertangaben pro Portion (1 Riegel): Kalorien: 150 kcal ~ Eiweiß: 5g ~ Kohlenhydrate: 15g ~ Fett: 9g ~ Gesättigtes Fett: 2g ~ Cholesterin: 0mg ~ Ballaststoffe: 2g ~ Zucker: 8g

10. Beeren-Blitz-Protein-Smoothie

Starten Sie mit einem Beeren-Smoothie in den Tag, der reich an Antioxidantien und Proteinen ist. Ein süßer, erfrischender Start, der mehr wie ein Genuss als eine gesunde Mahlzeit wirkt.

Zubereitungszeit: 5 Minuten | Portionen: 1
Zutaten:
- 1/2 Tasse gemischte Beeren (z.B. Erdbeeren, Heidelbeeren, Himbeeren)
- 1 reife Banane
- 1/2 Tasse griechischer Joghurt
- 1/2 Tasse Milch (tierisch oder pflanzlich)
- 1 Messlöffel Proteinpulver (Vanille- oder Beerengeschmack)
- 1 Esslöffel Honig oder Ahornsirup (optional)
- Eiswürfel (nach Belieben)

Anweisungen:
1. Zutaten vorbereiten: Die Beeren waschen und die Stiele entfernen. Die Banane schälen und in kleine Stücke schneiden.
2. Zutaten im Mixer pürieren: Beeren, Bananenstücke, griechischer Joghurt, Milch, Proteinpulver und Honig oder Ahornsirup (falls verwendet) in einen Mixer geben.
3. Eis hinzufügen (optional): Für einen kühleren Smoothie einige Eiswürfel hinzugeben.
4. Smoothie pürieren: Auf höchster Stufe mixen, bis der Smoothie glatt und cremig ist.
5. Konsistenz anpassen: Falls der Smoothie zu dick ist, etwas mehr Milch hinzufügen und erneut pürieren, bis die gewünschte Konsistenz erreicht ist.
6. Süße anpassen: Nach Geschmack mit mehr Honig oder Ahornsirup süßen und nochmals mixen, um alles gut zu vermischen.
7. Servieren: Den Smoothie in ein Glas füllen und sofort servieren.
8. Genießen: Ideal als schnelles Frühstück, als nahrhafter Snack nach dem Sport oder einfach als leckere Erfrischung.

Nährwertangaben pro Portion: Kalorien: 320 kcal ~ Eiweiß: 25g ~ Kohlenhydrate: 45g ~ Fett: 5g ~ Gesättigtes Fett: 2g ~ Cholesterin: 15mg ~ Ballaststoffe: 7g ~ Zucker: 30g

11. Der Morning Lift Coffee Infused Smoothie

Kombinieren Sie Ihren Morgenkaffee mit Ihrem Frühstück in diesem innovativen Smoothie. Mit Banane, Mandelmilch und einer Kugel Proteinpulver ist er das perfekte Multitasking-Frühstück für Männer, die Berge versetzen wollen.

Zubereitungszeit: 5 Minuten Portionen: 1
Zutaten:
- 1 reife Banane
- 1/2 Tasse gebrühter Kaffee, abgekühlt
- 1/2 Tasse Milch (tierische oder pflanzliche Milch)
- 1/2 Tasse griechischer Joghurt
- 1 Esslöffel Erdnussbutter oder Mandelbutter
- 1 Esslöffel Honig oder Ahornsirup (optional)
- 1/2 Tasse Eiswürfel

Anweisungen:
1. Zutaten vorbereiten: Die Banane schälen und in Stücke schneiden. Eine Tasse Kaffee brühen und auf Zimmertemperatur abkühlen lassen.
2. Zutaten im Mixer pürieren: Bananenstücke, abgekühlten Kaffee, Milch, griechischen Joghurt, Erdnuss- oder Mandelbutter und Honig oder Ahornsirup (falls verwendet) in einen Mixer geben.
3. Eis hinzufügen: Eiswürfel in den Mixer geben, um den Smoothie kühl und erfrischend zu machen.

4. Mixen bis zur gewünschten Konsistenz: Auf höchster Stufe mixen, bis der Smoothie glatt und cremig ist.
5. Süße und Konsistenz anpassen: Den Smoothie probieren und bei Bedarf mehr Honig oder Ahornsirup hinzufügen. Falls der Smoothie zu dick ist, etwas Milch hinzufügen und erneut mixen.
6. Servieren: Den Smoothie in ein Glas füllen.
7. Genießen: Diesen energiereichen und köstlichen Smoothie als schnelles Frühstück oder als Muntermacher zu jeder Tageszeit genießen!

Nährwertangaben pro Portion: Kalorien: 320 kcal ~ Eiweiß: 15g ~ Kohlenhydrate: 45g ~ Fett: 10g ~ Gesättigtes Fett: 2g ~ Cholesterin: 10mg ~ Ballaststoffe: 5g ~ Zucker: 25g

12. Fluffige Pfannkuchen ohne Fehl und Tadel

Ein einfacher Teig sorgt für leichte, fluffige und kinderleichte Pfannkuchen. Serviert mit Ahornsirup und Butter, sind sie ein klassisches Frühstücksvergnügen.

Zubereitungszeit: 10 Minuten | Kochzeit: 15 Minuten | Portionen: 4

Zutaten:
- 1 1/2 Tassen Allzweckmehl
- 3 1/2 Teelöffel Backpulver
- 1 Esslöffel Zucker
- 1/2 Teelöffel Salz
- 1 1/4 Tassen Milch (tierisch oder pflanzlich)
- 1 großes Ei
- 3 Esslöffel ungesalzene Butter, geschmolzen
- 1 Teelöffel Vanilleextrakt
- Butter oder Öl zum Kochen

Anweisungen:
1. Trockene Zutaten mischen: In einer großen Rührschüssel Mehl, Backpulver, Zucker und Salz verquirlen, bis alles gut vermischt ist.
2. Feuchte Zutaten mischen: In einer separaten Schüssel Milch, Ei, geschmolzene Butter und Vanilleextrakt verquirlen.
3. Nasse und trockene Zutaten vermengen: Die feuchten Zutaten zu den trockenen geben und vorsichtig umrühren, bis alles gerade eben vermischt ist. Es ist in Ordnung, wenn der Teig etwas klumpig bleibt.
4. Griddle oder Pfanne vorheizen: Eine antihaftbeschichtete Grillplatte oder Pfanne auf mittlerer Stufe erhitzen. Mit etwas Butter oder Öl einfetten.
5. Pfannkuchen backen: Etwa 1/4 Tasse Teig für jeden Pfannkuchen auf die heiße Oberfläche geben. Backen, bis Blasen auf der Oberfläche erscheinen und die Ränder fest werden, etwa 2-3 Minuten.
6. Pfannkuchen wenden: Mit einem Spatel vorsichtig wenden und von der anderen Seite weitere 1-2 Minuten goldbraun backen.
7. Weiterbacken: Den Vorgang mit dem restlichen Teig wiederholen, dabei die Grillplatte oder Pfanne bei Bedarf erneut einfetten.
8. Servieren: Warm mit Ahornsirup, frischem Obst oder Schlagsahne anrichten.
9. Genießen: Diese leichten und fluffigen Pfannkuchen als köstliches Frühstück oder Brunch servieren.

Nährwertangaben pro Portion (2 Pfannkuchen):
Kalorien: 320 kcal ~ Eiweiß: 9g ~ Kohlenhydrate: 40g ~ Fett: 14g ~ Gesättigtes Fett: 8g ~ Cholesterin: 80mg ~ Ballaststoffe: 1g ~ Zucker: 6g

Frühstück für Champions: Einfache, beeindruckende Mahlzeiten am Morgen

Willkommen zum Kapitel "Frühstück für Champions: Einfache, beeindruckende Mahlzeiten am Morgen", wo Einfaches auf Außergewöhnliches trifft und Ihre erste tägliche Mahlzeit zu einem Fest wird. Dies ist nicht nur ein Kapitel, sondern eine Einladung, Ihr Frühstück zu verbessern und zu beweisen, dass Sie kein Sternekoch sein müssen, um Ihren Tag mit Erfolg zu beginnen. Hier finden Sie Gerichte, die nicht nur den Körper nähren, sondern auch die Seele erfreuen, ohne stundenlange Vorbereitung oder exotische Zutaten zu erfordern. Machen Sie sich bereit, sich selbst und Ihre Lieben mit Frühstücksgerichten zu überraschen, die wie Kunstwerke aussehen, aber die Fähigkeiten eines Anfängers erfordern.

Jedes Rezept ist ein kleiner Schritt auf dem Weg zu alltäglicher Größe, denn jeder Champion verdient einen Champion-Start und wurde mit Blick auf Kochanfänger entwickelt, die sich auf minimale Zutaten und einfache Schritte konzentrieren, um den Erfolg sicherzustellen. Ganz gleich, ob Sie Ihre Gäste beeindrucken oder sich selbst einen nahrhaften und köstlichen Start in den Tag gönnen möchten, diese Frühstücksvarianten werden Sie mit Leichtigkeit und Geschmack durch den Morgen bringen

13. Frühstücksmuffins mit Schinken und Ei

Mischen Sie Eier, Schinkenwürfel und geriebenen Käse, füllen Sie sie in Muffinförmchen und backen Sie sie. Diese Frühstücksmuffins bieten einen kinderleichten Start in den Tag.

Zubereitungszeit: 10 Minuten | Kochzeit: 20 Minuten | Portionen: 6 Muffins

Zutaten:
- 6 große Eier
- 1/4 Tasse Milch (Milchprodukte oder pflanzliche Milch)
- 1 Tasse gewürfelter gekochter Schinken
- 1/2 Tasse geschredderter Cheddar-Käse
- 2 Esslöffel gehackter frischer Schnittlauch oder grüne Zwiebeln
- Salz und Pfeffer zum Abschmecken
- Kochspray oder Butter

Anweisungen:
1. Backofen vorheizen: Den Backofen auf 190°C (375°F) vorheizen. Ein Muffinblech mit Kochspray einfetten oder mit Papierförmchen auslegen.
2. Zutaten vorbereiten: In einer Rührschüssel die Eier und Milch verquirlen, bis die Mischung homogen ist. Nach Belieben mit Salz und Pfeffer würzen.
3. Füllung hinzufügen: Den gewürfelten Schinken, geschredderten Cheddar-Käse und gehackten Schnittlauch oder grüne Zwiebeln zur Eimischung geben und gut unterrühren.
4. Muffinform füllen: Die Eimischung gleichmäßig auf das vorbereitete Muffinblech verteilen, sodass jedes Förmchen etwa zu drei Vierteln gefüllt ist.
5. Backen: Das Muffinblech in den vorgeheizten Ofen schieben und 18-20 Minuten backen, bis die Muffins fest sind

und die Oberflächen goldbraun erscheinen.
6. Auskühlen lassen: Die Muffinform aus dem Ofen nehmen und die Muffins in der Form einige Minuten abkühlen lassen.
7. Servieren: Die Muffins vorsichtig aus der Form lösen und auf einem Kuchengitter weiter abkühlen lassen.
8. Genießen: Warm oder bei Zimmertemperatur servieren. Ideal als praktisches und proteinreiches Frühstück.

Nährwertangaben pro Portion (1 Muffin): Kalorien: 150 kcal ~ Eiweiß: 12g ~ Kohlenhydrate: 2g ~ Fett: 10g ~ Gesättigtes Fett: 4g ~ Cholesterin: 210mg ~ Ballaststoffe: 0g ~ Zucker: 0g

14. Herzhafte Haferflocken mit gehonigten Nüssen

Genießen Sie langsam gekochte Haferflocken mit in Honig glasierten Nüssen – eine perfekte Kombination aus Herzhaftigkeit und Süße für den Morgen.

Zubereitungszeit: 5 Minuten | Kochzeit: 10 Minuten | Portionen: 2
Zutaten:
- 1 Tasse altmodische Haferflocken
- 2 Tassen Wasser
- Eine Prise Salz
- 2 Esslöffel Honig
- 1/4 Tasse gehackte Nüsse (z.B. Mandeln, Walnüsse oder Pekannüsse)
- Optionaler Belag: Bananenscheiben, Beeren, Zimt

Anweisungen:
1. Haferflocken kochen: In einem mittelgroßen Topf das Wasser zum Kochen bringen. Haferflocken und Salz einrühren, dann die Hitze reduzieren und die Haferflocken 5-7 Minuten unter gelegentlichem Rühren köcheln lassen, bis sie dick und cremig sind.
2. Gehonigte Nüsse zubereiten: Parallel in einer kleinen Pfanne die Nüsse bei mittlerer Hitze ohne Fett rösten, bis sie duften und leicht golden sind (ca. 2-3 Minuten). Honig dazugeben und unter ständigem Rühren etwa eine weitere Minute kochen, bis die Nüsse gleichmäßig mit dem karamellisierten Honig überzogen sind. Vom Herd nehmen.
3. Servieren: Die fertigen Haferflocken auf zwei Schüsseln verteilen und die gehonigten Nüsse darübergeben.
4. Belag hinzufügen: Nach Wunsch mit Bananenscheiben, Beeren oder einer Prise Zimt garnieren.
5. Genießen: Servieren Sie dieses nahrhafte Frühstück warm und starten Sie energiegeladen in den Tag.

Nährwertangaben pro Portion: Kalorien: 300 kcal ~ Eiweiß: 8g ~ Kohlenhydrate: 45g ~ Fett: 10g ~ Gesättigtes Fett: 1g ~ Cholesterin: 0mg ~ Ballaststoffe: 6g ~ Zucker: 15g

15. Einfache Räucherlachs-Bagels

Genießen Sie ein Gourmet-Frühstück mit getoasteten Bagels, belegt mit Frischkäse, Räucherlachs und ein paar Kapern – überraschend einfach zuzubereiten und perfekt für den gehobenen Start in den Tag.

Zubereitungszeit: 10 Minuten | Portionen: 2
Zutaten:
- 2 Bagels, halbiert
- 4 Unzen Räucherlachs
- 4 Esslöffel Frischkäse
- 1/4 rote Zwiebel, in dünne Scheiben geschnitten
- 2 Esslöffel Kapern
- Frischer Dill, zum Garnieren (optional)
- Zitronenspalten, zum Servieren (optional)

Anweisungen:
1. Bagels vorbereiten: Die Bagels waagerecht durchschneiden und toasten, bis sie leicht knusprig sind.
2. Frischkäse auftragen: Auf jede untere Bagelhälfte je 2 Esslöffel Frischkäse gleichmäßig verteilen.

3. **Schicht Räucherlachs:** Anschließend 2 Unzen Räucherlachs auf den Frischkäse jeder Bagelhälfte legen.
4. **Belag hinzufügen:** Mit dünn geschnittenen roten Zwiebeln und Kapern belegen.
5. **Garnieren:** Optional mit frischem Dill garnieren für zusätzlichen Geschmack und eine schöne Präsentation.
6. **Servieren:** Die Bagels zusammenklappen und sofort servieren, gerne zusammen mit frischen Zitronenspalten.
7. **Genießen:** Ideal für ein luxuriöses Frühstück oder als Brunch - einfach zuzubereiten und beeindruckend lecker!

Nährwertangaben pro Portion: Kalorien: 350 kcal ~ Eiweiß: 20g ~ Kohlenhydrate: 30g ~ Fett: 16g ~ Gesättigtes Fett: 7g ~ Cholesterin: 40mg ~ Ballaststoffe: 2g ~ Zucker: 2g

16. Pikanter Frühstücksburrito

Ein herzhafter Burrito gefüllt mit Rührei, schwarzen Bohnen, Käse und einem Schuss scharfer Soße bietet einen würzigen Start in den Tag.

Zubereitungszeit: 10 Minuten | Portionen: 2 | Kochzeit: 10 Minuten

Zutaten:
- 4 große Eier
- 2 große Mehltortillas
- 1/2 Tasse geschredderter Cheddar-Käse
- 1/4 Tasse gewürfelte Paprikaschoten (jede Farbe)
- 1/4 Tasse gewürfelte Zwiebel
- 2 Esslöffel gewürfelte Jalapeños (optional)
- 2 Esslöffel Salsa
- Salz und Pfeffer zum Abschmecken
- Kochspray oder Butter

Anweisungen:
1. **Zutaten vorbereiten:** Paprika, Zwiebel und Jalapeños (falls verwendet) würfeln.
2. **Eier verquirlen:** Die Eier in einer Schüssel aufschlagen und gut verquirlen. Nach Belieben mit Salz und Pfeffer würzen.
3. **Gemüse kochen:** Eine Pfanne bei mittlerer Hitze erhitzen, mit Kochspray einsprühen oder Butter schmelzen. Paprika und Zwiebeln hinzufügen und 2-3 Minuten anbraten, bis sie weich werden.
4. **Eier hinzufügen:** Die verquirlten Eier zu dem Gemüse in die Pfanne geben und unter gelegentlichem Rühren braten, bis die Eier fest sind.
5. **Burritos zusammensetzen:** Die Mehltortillas kurz in der Mikrowelle erwärmen, damit sie flexibel werden. Das Rührei gleichmäßig auf die Tortillas verteilen.
6. **Käse und Jalapeños hinzufügen:** Cheddar-Käse über das Rührei streuen und Jalapeños darüber verteilen, falls verwendet.
7. **Mit Salsa belegen:** Salsa gleichmäßig über die Füllung geben.
8. **Burritos rollen:** Die Seiten der Tortillas über die Füllung klappen und fest zu Burritos rollen.
9. **Erhitzen:** Die Burritos in der Pfanne bei mittlerer Hitze von beiden Seiten je 1-2 Minuten anbraten, bis sie knusprig sind.
10. **Servieren:** Die Burritos halbieren und heiß servieren.
11. **Genießen:** Diese pikanten Burritos bieten einen nahrhaften und schmackhaften Start in den Tag.

Nährwertangaben pro Portion: Kalorien: 400 kcal ~ Eiweiß: 20g ~ Kohlenhydrate: 25g ~ Fett: 25g ~ Gesättigtes Fett: 10g ~ Cholesterin: 380mg ~ Ballaststoffe: 2g ~ Zucker: 2g

17. Griechisches Joghurt-Parfait mit gemischten Beeren

Ein ästhetisch ansprechendes und leckeres Frühstück, das Schichten aus griechischem Joghurt, Müsli und frischen Beeren kombiniert.

Zubereitungszeit: 5 Minuten | Portionen: 1

Zutaten:
- 1/2 Becher griechischer Joghurt
- 1/4 Tasse gemischte Beeren (z. B. Erdbeeren, Heidelbeeren, Himbeeren)
- 2 Esslöffel Müsli
- 1 Esslöffel Honig (optional)
- Frische Minzblätter zum Garnieren (optional)

Anweisungen:
1. Zutaten vorbereiten: Die Beeren abspülen und trocken tupfen. Erdbeeren gegebenenfalls entstielen und nach Wunsch klein schneiden.
2. Joghurt schichten: Einen Teil des griechischen Joghurts in ein Glas oder eine Schüssel geben.
3. Beeren hinzufügen: Eine Schicht gemischte Beeren über den Joghurt geben.
4. Müsli schichten: Die Hälfte des Müslis über die Beeren streuen.
5. Schichten wiederholen: Die restlichen Zutaten in der gleichen Reihenfolge schichten, endend mit einer Beeren-Müsli-Schicht.
6. Honig aufträufeln (optional): Falls verwendet, Honig über das Parfait träufeln.
7. Garnieren: Mit frischen Minzblättern garnieren.
8. Servieren: Das Parfait sofort servieren oder bis zum Verzehr im Kühlschrank abgedeckt aufbewahren.
9. Genießen: Als erfrischendes Frühstück, Snack oder Dessert genießen!

Nährwertangaben pro Portion: Kalorien: 250 kcal ~ Eiweiß: 15g ~ Kohlenhydrate: 30g ~ Fett: 8g ~ Gesättigtes Fett: 2g ~ Cholesterin: 10mg ~ Ballaststoffe: 5g ~ Zucker: 20g

18. Chia-Samen-Pudding über Nacht

Bereiten Sie abends vor dem Schlafen einen Chia-Pudding zu, indem Sie Chiasamen mit Milch und einem Süßungsmittel Ihrer Wahl mischen. Am Morgen erwartet Sie ein perfekt eingedickter Pudding.

Zubereitungszeit: 5 Minuten (+ Einweichen über Nacht) | Portionen: 2

Zutaten:
- 1/4 Tasse Chiasamen
- 1 Tasse Milch (tierisch oder pflanzlich)
- 1 Esslöffel Honig oder Ahornsirup (optional)
- 1/2 Teelöffel Vanilleextrakt
- Frisches Obst, Nüsse oder Samen zum Garnieren (optional)

Anweisungen:
1. Zutaten mischen: In einer Schüssel oder einem großen Glas die Chiasamen, Milch, Honig oder Ahornsirup (falls verwendet), und Vanilleextrakt gründlich verrühren.
2. Einweichen lassen: Die Mischung abdecken und über Nacht oder mindestens 4 Stunden im Kühlschrank stehen lassen, damit die Chiasamen quellen und die Mischung eindickt.
3. Umrühren: Vor dem Servieren gut umrühren, um eine gleichmäßige Konsistenz sicherzustellen.
4. Anrichten: Den Chia-Pudding auf zwei Schalen oder Gläser verteilen.
5. Garnieren: Mit frischem Obst, Nüssen oder Samen nach Wahl garnieren, um zusätzlichen Geschmack und Textur zu bieten.

6. Servieren: Genießen Sie dieses nahrhafte und einfache Frühstück, ideal als Snack oder Dessert.

Nährwertangaben pro Portion: Kalorien: 150 kcal ~ Eiweiß: 5g ~ Kohlenhydrate: 15g ~ Fett: 8g ~ Gesättigtes Fett: 1g ~ Cholesterin: 5mg ~ Ballaststoffe: 7g ~ Zucker: 6g

Kapitel 4: Schnelle und beeindruckende Mittagessen

Mittagessen ist mehr als nur eine Mahlzeit zur Mittagszeit – es ist eine wertvolle Auszeit, eine Gelegenheit zum Auftanken und Genießen in der Hektik unseres Alltags. Doch bei all dem täglichen Trubel ist es allzu leicht, sich mit uninspirierten Optionen zufrieden zu geben, die weder unseren Körper noch unseren Geist beleben. Keine Sorge, dieses Kapitel widmet sich der Revolution Ihres Mittagsmenüs mit schnellen, doch zugleich beeindruckend zufriedenstellenden Gerichten, die sowohl für kulinarische Neulinge als auch für Feinschmecker geeignet sind.

Ob Sie ein Mittagessen für sich allein zubereiten, eine Mahlzeit, die Neid im Büro weckt, oder Ihre Gäste mit Ihren Kochkünsten beeindrucken möchten – diese Rezepte sind so gestaltet, dass sie unkompliziert sind, mit wenigen Zutaten und einfachen Schritten. Von Gourmet-Sandwiches, die das gewöhnliche Brot auf ein neues Niveau heben, über Salate, die mit Farben und Geschmäckern strotzen, bis hin zu sättigenden, nahrhaften Bowls, die das Nachmittagstief abwehren – jedes Rezept beweist, dass Schnelligkeit nicht auf Kosten der Qualität gehen muss.

Also, krempeln Sie die Ärmel hoch und machen Sie sich bereit, Ihr Mittagessen von einer Routineangelegenheit in ein Highlight des Tages zu verwandeln. Diese Gerichte dienen nicht nur der Nahrungsaufnahme, sondern auch dazu, Ihren Tag mit Aromen und Texturen zu bereichern, die Sie inspirieren. Mit diesen Rezepten in Ihrem Arsenal werden Sie am Mittagstisch beeindrucken und beweisen, dass auch in der Eile immer Zeit für ein köstliches, nahrhaftes Essen bleibt. Willkommen in der Welt der schnellen und beeindruckenden Mittagessen, wo Geschwindigkeit und Geschmack in perfekter Harmonie zusammenkommen.

Sandwiches neu interpretiert: Die Verwandlung des einfachen Sandwichs in eine Gourmet-Mahlzeit.

Jedes Rezept in diesem Kapitel verwandelt den vertrauten Komfort eines Sandwiches, indem es dieses mit Gourmet-Zutaten, kühnen Geschmacksrichtungen und innovativen Kombinationen aufwertet. Egal, ob Sie auf der Suche nach etwas Herzhaftem, Pikantem, Süßem oder einer Kombination daraus sind, diese neu erfundenen Sandwiches machen Ihr Mittagessen zu einem außergewöhnlichen kulinarischen Erlebnis.

19. Das ultimative Baguette mit Steak und karamellisierten Zwiebeln

Erleben Sie die reichhaltigen Aromen von zart gebratenem Steak und süß karamellisierten Zwiebeln, eingebettet in ein knuspriges Baguette, gekrönt mit einem Klecks Meerrettichsahne.

Zubereitungszeit: 15 Minuten | Portionen: 2 | Kochzeit: 20 Minuten

Zutaten:
- 1 Baguette (ca. 30 cm lang)
- 2 Lendensteaks (je ca. 170 g)
- Salz und Pfeffer zum Abschmecken
- 1 Esslöffel Olivenöl
- 1 große Zwiebel, in dünne Scheiben geschnitten
- 1 Esslöffel Balsamico-Essig
- 2 Esslöffel Mayonnaise
- 1 Esslöffel Dijon-Senf
- Eine Handvoll Rucola oder Kopfsalatblätter
- Optional: in Scheiben geschnittener Käse (z. B. Provolone oder Schweizer)

Anweisungen:
1. Zutaten vorbereiten: Den Ofen auf 190°C vorheizen. Das Baguette längs halbieren und dann jede Hälfte quer teilen, um vier Stücke zu erhalten. Die Steaks mit Salz und Pfeffer würzen.

2. Steaks braten: Olivenöl in einer Pfanne auf mittlerer bis hoher Stufe erhitzen. Die Steaks von jeder Seite 3-4 Minuten braten, bis sie medium-rare sind. Die Steaks aus der Pfanne nehmen und vor dem Schneiden kurz ruhen lassen.
3. Zwiebeln karamellisieren: In derselben Pfanne die Zwiebeln bei mittlerer Hitze kochen, bis sie weich und goldbraun sind (10-15 Minuten). Balsamico-Essig hinzufügen und 1-2 Minuten weiterkochen.
4. Baguette toasten: Die Baguettehälften mit der Schnittfläche nach oben für 5-7 Minuten im Ofen rösten, bis sie knusprig sind.
5. Aufstrich zubereiten: Mayonnaise und Dijon-Senf in einer kleinen Schüssel verrühren.
6. Sandwiches zusammensetzen: Die Mayonnaise-Senf-Mischung auf die Baguettehälften streichen. Mit Steak-Scheiben, karamellisierten Zwiebeln und Rucola belegen.
7. Optional Käse hinzufügen: Falls verwendet, Käse auf das warme Steak legen, damit er leicht schmilzt.
8. Sandwiches schließen: Mit den oberen Baguettehälften abdecken.
9. Aufschneiden und servieren: Die Sandwiches diagonal durchschneiden und sofort servieren.
10. Genießen: Dieses Baguette mit Steak bietet ein geschmacksintensives Erlebnis, ideal für eine herzhafte Mahlzeit.

Nährwertangaben pro Portion: Kalorien: 600 kcal ~ Eiweiß: 30g ~ Kohlenhydrate: 40g ~ Fett: 35g ~ Gesättigtes Fett: 9g ~ Cholesterin: 75mg ~ Ballaststoffe: 4g ~ Zucker: 6g

20. Ciabatta mit gegrillter Birne und Gorgonzola

Entdecken Sie die perfekte Mischung aus süß und herzhaft mit gegrillten Birnen, zerkrümeltem Gorgonzola und Rucola auf einem getoasteten Ciabatta-Brot, abgerundet mit einem Hauch von Honig.

Zubereitungszeit: 10 Minuten | Portionen: 2 | Kochzeit: 10 Minuten

Zutaten:
- 1 reife Birne, in dünne Scheiben geschnitten
- 4 Scheiben Ciabatta-Brot
- 2 Unzen Gorgonzola-Käse, zerkrümelt
- 2 Esslöffel Honig
- Eine Handvoll Rucola oder Spinatblätter
- 1 Esslöffel Olivenöl
- Salz und Pfeffer zum Abschmecken

Anweisungen:
1. Zutaten vorbereiten: Die Birne in dünne Scheiben schneiden. Den Gorgonzola zerbröseln.
2. Grill oder Pfanne vorheizen: Eine Grillpfanne oder einen Grill auf mittlere Hitze vorheizen.
3. Birne grillen: Die Birnenscheiben mit Olivenöl bestreichen und mit Salz und Pfeffer würzen. Auf jeder Seite 2-3 Minuten grillen, bis sie charakteristische Grillmarken aufweisen und weich sind.
4. Ciabatta toasten: Die Ciabatta-Scheiben toasten, bis sie goldbraun und knusprig sind.
5. Sandwiches zusammensetzen: Die getoasteten Ciabatta-Scheiben mit den gegrillten Birnenscheiben, Gorgonzola und Honig belegen.
6. Grünzeug hinzufügen: Rucola oder Spinat über den Käse streuen.
7. Sandwiches schließen: Mit den übrigen Ciabatta-Scheiben abschließen.
8. Servieren: Sofort servieren, idealerweise warm.

9. Genießen: Erleben Sie, wie die süße Birne, der cremige Gorgonzola und der pikante Rucola ein harmonisches Geschmackserlebnis kreieren.

Nährwertangaben pro Portion: Kalorien: 350 kcal ~ Eiweiß: 10g ~ Kohlenhydrate: 40g ~ Fett: 16g ~ Gesättigtes Fett: 6g ~ Cholesterin: 20mg ~ Ballaststoffe: 4g ~ Zucker: 20g

21. Mediterrane Veggie-Pita-Tasche

Entdecken Sie diese mediterran inspirierte Pita-Tasche, gefüllt mit gegrilltem Gemüse, cremigem Hummus und Fetakäse, abgerundet mit einer Prise Za'atar für einen authentischen Touch.

Zubereitungszeit: 15 Minuten | Portionen: 2
Zutaten:
- 2 Vollkorn-Pitabrote
- 1/2 Tasse Hummus
- 1/2 Tasse gewürfelte Gurken
- 1/2 Tasse gewürfelte Tomaten
- 1/4 Tasse gewürfelte rote Zwiebeln
- 1/4 Tasse geschnittene schwarze Oliven
- 1/4 Tasse zerkrümelter Fetakäse
- Eine Handvoll gehackte frische Petersilie
- Saft einer halben Zitrone
- Salz und Pfeffer zum Abschmecken

Anweisungen:
1. Zutaten vorbereiten: Gurken, Tomaten, rote Zwiebeln und Oliven würfeln. Fetakäse zerbröckeln und Petersilie hacken.
2. Pitabrot vorbereiten: Die Pitabrote nach Belieben erwärmen, um sie leicht aufzuschneiden und eine Tasche zu formen.
3. Pita-Taschen füllen: Jede Pita vorsichtig öffnen und großzügig mit Hummus ausstreichen.
4. Gemüse einfüllen: Die vorbereiteten Gurken, Tomaten, Zwiebeln, Oliven und Fetakäse in die Pitas geben.
5. Würzen und garnieren: Mit Zitronensaft beträufeln und mit Salz, Pfeffer und frischer Petersilie bestreuen.
6. Servieren: Die Pita-Taschen sofort anbieten, idealerweise frisch und warm.
7. Genießen: Diese leichten und aromatischen Pita-Taschen bieten eine perfekte Mischung aus knackigem Gemüse und kräftigen mediterranen Aromen.

Nährwertangaben pro Portion: Kalorien: 300 kcal ~ Eiweiß: 10g ~ Kohlenhydrate: 40g ~ Fett: 10g ~ Gesättigtes Fett: 3g ~ Cholesterin: 10mg ~ Ballaststoffe: 8g ~ Zucker: 4g

22. Ciabatta mit geräuchertem Truthahn und Avocado

Ciabatta mit geräuchertem Truthahn und Avocado
Eine einfache, doch raffinierte Sandwich-Kreation, die das herkömmliche Frühstückssandwich auf ein neues Niveau hebt. Die Kombination aus zartem, geräuchertem Truthahn, cremiger Avocado und frischem Rucola, eingebettet in ein knuspriges Ciabatta, macht dieses Gericht zu einem wahren Genuss. Ideal für ein nahrhaftes Frühstück oder einen schnellen, gesunden Snack.

Zubereitungszeit: 10 Minuten | Portionen: 2
Zutaten:
- 1 Ciabatta-Brot, längs halbiert
- 150 g geräucherter Truthahn, in Scheiben
- 1 reife Avocado, in Scheiben
- Eine Handvoll Rucola
- 2 Esslöffel Frischkäse

- Salz und schwarzer Pfeffer nach Geschmack
- Optional: dünne Scheiben roter Zwiebel

Anweisungen:
1. Das Ciabatta-Brot aufschneiden und beide Hälften leicht toasten, um sie knusprig zu machen.
2. Die untere Hälfte des Brotes großzügig mit Frischkäse bestreichen.
3. Rucola auf den Frischkäse legen, gefolgt von den Scheiben des geräucherten Truthahns.
4. Avocado-Scheiben gleichmäßig darauf verteilen und nach Belieben mit Salz und Pfeffer würzen. Für einen zusätzlichen Geschmackskick dünne Scheiben roter Zwiebel hinzufügen.
5. Die obere Hälfte des Ciabatta darauf setzen, leicht andrücken und in Portionen schneiden.

Kalorien pro Portion: ca. 400 kcal ~ Eiweiß: 25g ~Kohlenhydrate: 40g ~Fette: 20g ~Gesättigte Fette: 4g ~Cholesterin: 30mg ~Ballaststoffe: 5g Zucker: 3g

23. Gepresstes Sandwich mit Feigen, Prosciutto und Brie

Genießen Sie die exquisite Kombination aus süßen Feigen, salzigem Prosciutto und cremigem Brie, eingelegt zwischen knusprig getoasteten Sauerteigbrotscheiben.

Zubereitungszeit: 10 Minuten | Portionen: 1

Zutaten:
- 2 Scheiben Sauerteigbrot
- 2-3 Scheiben Prosciutto
- 2-3 Scheiben Brie
- 2-3 frische Feigen, in Scheiben
- 1 Esslöffel Feigenmarmelade
- 1 Esslöffel Butter

Anweisungen:
1. Sandwich vorbereiten: Legen Sie eine Scheibe Brot auf eine Arbeitsfläche. Belegen Sie diese mit Prosciutto, Brie-Scheiben und Feigenscheiben.
2. Marmelade auftragen: Bestreichen Sie die zweite Brotscheibe gleichmäßig mit Feigenmarmelade.
3. Sandwich schließen: Legen Sie die bestrichene Brotscheibe mit der Marmeladenseite nach unten auf die belegte Scheibe, um das Sandwich zu formen.
4. Pfanne vorheizen: Erhitzen Sie eine Pfanne oder Grillpfanne auf mittlere Hitze.
5. Butter auftragen: Bestreichen Sie die Außenseiten des Sandwiches gleichmäßig mit Butter.
6. Sandwich grillen: Platzieren Sie das Sandwich in der Pfanne und braten Sie es von jeder Seite 2-3 Minuten, bis das Brot goldbraun und der Käse geschmolzen ist.
7. Pressen (optional): Falls vorhanden, verwenden Sie eine Sandwichpresse, um das Sandwich während des Grillens zu pressen und für zusätzliche Knusprigkeit zu sorgen.
8. Servieren: Nehmen Sie das Sandwich aus der Pfanne, lassen Sie es kurz abkühlen, und schneiden Sie es dann zum Servieren in Hälften oder Viertel.
9. Genießen: Servieren Sie Ihr gourmetartiges Sandwich als anspruchsvolles Mittagessen oder eine schnelle, schmackhafte Mahlzeit.

Nährwertangaben pro Portion: Kalorien: 450 kcal ~ Eiweiß: 18g ~ Kohlenhydrate: 40g ~ Fett: 25g ~ Gesättigtes Fett: 14g ~ Cholesterin: 60mg ~ Ballaststoffe: 4g ~ Zucker: 15g

24. Pulled Pork und Krautsalat auf einem Brioche-Brötchen

Genießen Sie zartes, langsam gegartes Pulled Pork zusammen mit einem hausgemachten Krautsalat auf einem weichen, buttrigen Brioche-Brötchen, das eine leichte Süße bietet.

Zubereitungszeit: 15 Minuten | Portionen: 4 | Kochzeit: 6 Stunden (Slow Cooker) oder 2 Stunden (Ofen)

Zutaten:
- Für das Pulled Pork:
- 2 Pfund Schweineschulter oder Schweinenacken
- 1 Tasse Barbecue-Sauce
- 1/2 Tasse Hühnerbrühe oder Wasser
- 1 Esslöffel brauner Zucker
- 1 Teelöffel Knoblauchpulver
- 1 Teelöffel Zwiebelpulver
- Salz und Pfeffer zum Abschmecken

Für den Krautsalat:
- 2 Tassen geschredderter Weißkohl oder Krautsalatmischung
- 1/4 Tasse Mayonnaise
- 1 Esslöffel Apfelessig
- 1 Teelöffel Honig
- Salz und Pfeffer zum Abschmecken

Zum Servieren:
- 4 Brioche-Brötchen, halbiert und getoastet

Anweisungen:
1. Pulled Pork zubereiten: Die Schweineschulter mit Knoblauchpulver, Zwiebelpulver, Salz und Pfeffer würzen und in einen Slow Cooker oder Bräter legen.
2. Flüssigkeit hinzufügen: Barbecue-Sauce, Hühnerbrühe/Wasser und braunen Zucker in einer Schüssel mischen und über das Fleisch gießen.
3. Schweinefleisch garen: Im Slow Cooker: Auf niedriger Stufe 6 Stunden oder auf hoher Stufe 3-4 Stunden garen, bis es sehr zart ist. Im Ofen: Den Bräter mit Aluminiumfolie abdecken und bei 160°C (325°F) 2-3 Stunden garen, bis das Fleisch zart ist.
4. Schweinefleisch zerkleinern: Das gegarte Fleisch mit zwei Gabeln auseinanderziehen und mit der reduzierten Sauce vermischen.
5. Krautsalat zubereiten: Geschredderten Kohl, Mayonnaise, Apfelessig, Honig, Salz und Pfeffer in einer Schüssel vermengen, bis alles gleichmäßig bedeckt ist.
6. Sandwiches zusammenstellen: Eine großzügige Menge Pulled Pork auf die unteren Hälften der getoasteten Brioche-Brötchen geben und Krautsalat darauf verteilen.
7. Servieren: Die Sandwiches sofort anbieten.
8. Genießen: Diese köstlichen Sandwiches als nahrhaftes Mittagessen oder schmackhafte Mahlzeit genießen!

Nährwertangaben pro Portion: Kalorien: 600 kcal ~ Eiweiß: 30g ~ Kohlenhydrate: 45g ~ Fett: 35g ~ Gesättigtes Fett: 12g ~ Cholesterin: 100mg ~ Ballaststoffe: 3g ~ Zucker: 20g

Power-Salate: Herzhaft, nahrhaft und nicht nur Kopfsalat

Meine Herren, anschnallen bitte. Wir betreten ein Terrain, das für den typischen Fleisch- und Kartoffelmann einst undenkbar war: die Welt der Salate. Aber keine Sorge, wir sprechen hier nicht von Ihrem gewöhnlichen Gartensalat oder gar "Hasenfutter". Willkommen zu „Power-Salate: Herzhaft, nahrhaft und mehr als nur Blattgrün", einem Refugium, wo Grünzeug nur die Basis für robuste Aromen, sättigende Proteine und ja, sogar für gelegentliche Streifen von Steak oder Speckkrumen dient.

In diesem Kapitel von „Schnelle und eindrucksvolle Mittagessen" räumen wir mit dem Mythos auf, dass Salate nur fade Beilagen sind. Diese Salate trotzen der Idee, nur eine Vorspeise zu sein; sie sind reich an Körnern, Nüssen, Käse und kräftigen Dressings, die Ihr Mittagessen nicht nur beneidenswert, sondern auch eindrucksvoll gestalten.

Also, entstauben Sie Ihre Salatschüssel (ja, die, von der Sie nie dachten, dass Sie sie benutzen würden) und schwingen Sie Ihre Salatzange wie ein kulinarischer Krieger. Diese kraftvollen Kreationen werden Ihr Mittagessen auf ein heroisches Niveau heben und ein für alle Mal beweisen, dass Salate sowohl eine ernährungsphysiologische Kraftquelle als auch ein Zeugnis Ihrer Kochkunst sein können. Lassen wir also das Klischee über Salate hinter uns, oder?

25. Gebratene Süßkartoffeln und Quinoa-Salat

Genießen Sie eine warme, herzhafte Mischung aus gerösteten Süßkartoffeln, lockerem Quinoa, schwarzen Bohnen und Avocado, verfeinert mit einer Limetten-Koriander-Vinaigrette.

Zubereitungszeit: 15 Minuten | Portionen: 4 | Kochzeit: 30 Minuten

Zutaten:
- 2 mittelgroße Süßkartoffeln, geschält und gewürfelt
- 1 Tasse Quinoa, gespült
- 2 Tassen Wasser oder Gemüsebrühe
- 1 rote Paprika, gewürfelt
- 1/2 rote Zwiebel, fein gehackt
- 1/4 Tasse frischer Koriander, gehackt
- 1/4 Tasse zerbröckelter Feta-Käse (optional)
- 2 Esslöffel Olivenöl
- 1 Esslöffel Balsamico-Essig
- Salz und Pfeffer zum Abschmecken

Anweisungen:
1. Backofen vorheizen: Den Backofen auf 200°C vorheizen.
2. Süßkartoffeln rösten:
   a. Die gewürfelten Süßkartoffeln auf ein mit Backpapier belegtes Blech geben.
   b. Mit 1 Esslöffel Olivenöl beträufeln und mit Salz und Pfeffer würzen.
   c. Gut durchmischen und in einer einzigen Schicht ausbreiten.
   d. Für 25-30 Minuten rösten, bis sie weich und leicht gebräunt sind. Nach der Hälfte der Zeit umrühren.
3. Quinoa kochen:
   a. Wasser oder Gemüsebrühe in einem Topf zum Kochen bringen.
   b. Quinoa hinzufügen, Hitze reduzieren und zugedeckt 15 Minuten köcheln lassen, bis die Flüssigkeit aufgenommen ist.
   c. Vom Herd nehmen und 5 Minuten ruhen lassen. Anschließend mit einer Gabel auflockern.
4. Vinaigrette zubereiten: In einer kleinen Schüssel das restliche Olivenöl, Balsamico-Essig, Salz und Pfeffer zu einer Vinaigrette verrühren.
5. Salat zusammenstellen:
   a. Gekochte Quinoa, geröstete Süßkartoffeln, gewürfelte rote Paprika, gehackte rote Zwiebel und Koriander in einer großen Schüssel mischen.
   b. Die Vinaigrette darübergeben und vorsichtig unterheben.

6. Mit Feta garnieren: Optional den Feta über den Salat streuen.
7. Servieren: Sofort als Hauptgericht oder Beilage anbieten.
8. Genießen: Freuen Sie sich auf eine nahrhafte und schmackhafte Mahlzeit!

Nährwertangaben pro Portion: Kalorien: 300 kcal ~ Eiweiß: 7g ~ Kohlenhydrate: 45g ~ Fett: 10g ~ Gesättigtes Fett: 2g ~ Cholesterin: 5mg ~ Natrium: 300mg ~ Kalium: 600mg ~ Ballaststoffe: 6g ~ Zucker: 5g

26. Grünkohl-Caesar mit knusprigen Kichererbsen-Croûtons

Entdecken Sie eine moderne Variante des klassischen Caesarsalats mit robusten Grünkohlblättern, gehobeltem Parmesan und knusprigen, gewürzten Kichererbsen-Croûtons, serviert mit einem cremigen Sardellen-Dressing.

Zubereitungszeit: 15 Minuten | Portionen: 4 | Kochzeit: 25 Minuten

Zutaten:
- 1 Bund Grünkohl, Stiele entfernt und die Blätter in mundgerechte Stücke zerrissen
- 1 Tasse gekochte Kichererbsen, abgetropft und abgespült
- 1 Esslöffel Olivenöl
- 1 Teelöffel Knoblauchpulver
- 1/2 Teelöffel Paprikapulver
- Salz und Pfeffer nach Geschmack
- 1/4 Tasse geriebener Parmesankäse
- 1/4 Tasse Caesar-Dressing (fertig gekauft oder hausgemacht)
- 1/4 Tasse Croutons (optional)

Anweisungen:
1. Ofen vorheizen: Stellen Sie den Ofen auf 200°C (400°F).
2. Kichererbsen-Croûtons zubereiten:
   a. Die Kichererbsen auf ein mit Backpapier ausgelegtes Backblech geben.
   b. Mit Olivenöl beträufeln und mit Knoblauchpulver, Paprikapulver, Salz und Pfeffer würzen.
   c. Alles gut vermischen, um eine gleichmäßige Beschichtung zu gewährleisten, und in einer einzigen Schicht ausbreiten.
   d. Etwa 20-25 Minuten rösten, bis sie knusprig und goldbraun sind. Gelegentlich umrühren.
3. Grünkohl vorbereiten:
   a. Die Grünkohlblätter in eine große Schüssel geben.
   b. Mit Caesar-Dressing beträufeln und mehrere Minuten lang kräftig massieren, bis die Blätter leicht welk sind.
4. Salat zusammenstellen: Den geriebenen Parmesankäse über den Grünkohl streuen und gut durchmischen.
5. Kichererbsen-Croutons hinzufügen: Die gerösteten Kichererbsen etwas abkühlen lassen und dann unter den Salat heben.
6. Servieren: Den Grünkohl-Caesar sofort servieren, optional mit zusätzlichen Croutons garnieren.
7. Genießen: Freuen Sie sich auf eine nahrhafte und geschmackvolle Mahlzeit, die sowohl als Hauptgericht als auch als Beilage überzeugt.

Nährwertangaben: Kalorien: 250 kcal ~ Eiweiß: 10g ~ Kohlenhydrate: 20g ~ Fett: 15g ~ Gesättigtes Fett: 3g ~ Cholesterin: 5mg ~ Natrium: 400mg ~ Kalium: 500mg ~Ballaststoffe: 5g ~ Zucker: 2g

27. Gegrilltes Hähnchen und Avocado Cobb-Salat

Ein proteinreicher Cobb-Salat mit gegrillter Hähnchenbrust, reifer Avocado, hartgekochten Eiern und knusprigem Speck, abgerundet mit einem kräftigen Blauschimmelkäse-Dressing.

Zubereitungszeit: 20 Minuten | Portionen: 4 | Kochzeit: 15 Minuten

Zutaten:
- 2 Hühnerbrüste, ohne Knochen und Haut
- 1 reife Avocado, gewürfelt

- 4 Tassen gemischter Blattsalat
- 1 Tasse Kirschtomaten, halbiert
- 4 Scheiben gekochter Speck, zerkrümelt
- 2 hart gekochte Eier, geschält und gewürfelt
- 1/2 Tasse zerkrümelter Blauschimmelkäse
- 1/4 Tasse gehackte grüne Zwiebeln
- Salz und Pfeffer nach Geschmack
- Olivenöl für das Grillen

Für das Dressing:
- 1/4 Tasse Olivenöl
- 2 Esslöffel Rotweinessig
- 1 Teelöffel Dijon-Senf
- 1 Teelöffel Honig
- Salz und Pfeffer nach Geschmack

Anweisungen:
1. Grill vorheizen: Stellen Sie den Grill auf mittlere bis hohe Stufe.
2. Hähnchen vorbereiten: Hähnchenbrüste mit Salz und Pfeffer würzen, mit Olivenöl einreiben.
3. Hähnchen grillen: Die Hähnchenbrüste auf den Grill legen und von jeder Seite ca. 6-7 Minuten grillen, bis sie durchgegart sind. Lassen Sie das Hähnchen vor dem Schneiden einige Minuten ruhen.
4. Dressing anrühren: In einer Schüssel Olivenöl, Rotweinessig, Dijon-Senf, Honig und Gewürze zu einem Dressing verrühren. Beiseite stellen.
5. Salat anrichten: Blattsalat in einer großen Schüssel auslegen. Gegrilltes Hähnchen, Avocado, Tomaten, Speck, Eier, Blauschimmelkäse und grüne Zwiebeln darüber verteilen.
6. Salat servieren: Dressing über den Salat geben und alles vorsichtig vermengen.
7. Genießen: Den Salat sofort servieren, idealerweise mit knusprigem Brot als Beilage.

Nährwertangaben: Kalorien: 400 kcal ~ Eiweiß: 25g ~ Kohlenhydrate: 10g ~ Fett: 30g ~ Gesättigte Fette: 8g ~ Cholesterin: 150mg ~ Natrium: 600mg ~ Kalium: 700mg ~ Ballaststoffe: 5g ~ Zucker: 3g

28. Salat aus Roter Bete und Ziegenkäse mit Rucola

Entdecken Sie die harmonische Kombination aus erdiger, gerösteter Roter Bete, cremigem Ziegenkäse und pfeffrigem Rucola, abgerundet mit knackigen Walnüssen und einer süß-sauren Balsamicoreduktion.

Zubereitungszeit: 15 Minuten | Portionen: 4 | Kochzeit: 45 Minuten

Zutaten:
- 4 mittelgroße Rote Bete, geputzt und geschält
- 4 Tassen Baby-Rucola
- 1/2 Tasse zerkrümelter Ziegenkäse
- 1/4 Tasse gehackte Walnüsse
- 2 Esslöffel Balsamico-Essig
- 2 Esslöffel Olivenöl
- 1 Teelöffel Honig
- Salz und Pfeffer zum Abschmecken

Anweisungen:
1. Rote Bete rösten:
    a. Den Ofen auf 200°C (400°F) vorheizen.
    b. Rote Bete in mundgerechte Würfel schneiden und auf ein mit Backpapier belegtes Backblech legen.

c. Mit Olivenöl beträufeln, salzen und pfeffern.
d. Etwa 40-45 Minuten rösten, bis sie weich sind. Herausnehmen und etwas abkühlen lassen.
2. Dressing zubereiten: Balsamico-Essig, Olivenöl, Honig, Salz und Pfeffer in einer kleinen Schüssel verrühren.
3. Salat anrichten:
   a. Baby-Rucola in eine große Salatschüssel geben.
   b. Rote Bete, Ziegenkäse und Walnüsse hinzufügen.
4. Dressing und Salat vermengen: Dressing über den Salat gießen und alles vorsichtig vermischen, bis der Salat gleichmäßig benetzt ist.
5. Servieren: Den Salat sofort anrichten, idealerweise mit frischem, knusprigem Brot.
6. Genießen: Diesen farbenfrohen und gesunden Salat als Hauptgericht oder Beilage genießen.

Nährwertangaben: ~Kalorien: 200 kcal ~ Eiweiß: 6g ~ Kohlenhydrate: 15g ~ Fett: 14g ~ Gesättigtes Fett: 4g ~ Cholesterin: 10mg ~ Ballaststoffe: 4g ~ Zucker: 9g

29. Pikanter Südwestlicher Schwarzer Bohnensalat

Genießen Sie einen würzigen Salat aus schwarzen Bohnen, Mais, Tomaten und roten Zwiebeln, abgerundet mit einem pikanten Limettendressing. Ideal als nahrhaftes Mittagessen oder schmackhafte Beilage.

Zubereitungszeit: 15 Minuten | Portionen: 4

Zutaten:
- 2 Dosen schwarze Bohnen (je 425 g), abgetropft und abgespült
- 1 Tasse Maiskörner (frisch, aus der Dose oder gefroren und aufgetaut)
- 1 rote Paprika, gewürfelt
- 1/2 rote Zwiebel, fein gewürfelt
- 1 Jalapeño, entkernt und fein gehackt
- 1/4 Tasse frischer Koriander, gehackt
- 2 Esslöffel frisch gepresster Limettensaft
- 2 Esslöffel Olivenöl
- 1 Teelöffel Kreuzkümmel, gemahlen
- 1/2 Teelöffel Chilipulver
- Salz und frisch gemahlener schwarzer Pfeffer nach Geschmack
- Optional: Avocado, gewürfelt, zerbröckelter Feta- oder Cotija-Käse, geschnittene grüne Zwiebeln, gehackte Tomaten zum Garnieren

Anweisungen:
1. Zutaten vorbereiten:
   a. Mais vorbereiten: Falls frisch, kurz blanchieren; falls gefroren, auftauen und abtropfen lassen.
   b. Schwarze Bohnen gründlich abspülen und abtropfen lassen.
2. Salatzutaten mischen: In einer großen Schüssel schwarze Bohnen, Mais, rote Paprika, rote Zwiebel, Jalapeño und Koriander vermischen.
3. Dressing anrühren: Limettensaft, Olivenöl, Kreuzkümmel, Chilipulver, Salz und Pfeffer in einer kleinen Schüssel verquirlen.
4. Salat anmachen: Dressing über die Bohnenmischung gießen und alles gut durchmischen, um die Zutaten gleichmäßig zu bedecken.
5. Kühlen (optional): Den Salat abdecken und mindestens 30 Minuten im Kühlschrank ziehen lassen, um die Aromen zu intensivieren.
6. Finalisieren und servieren: Vor dem Servieren nochmals umrühren und mit optionalen Zutaten wie Avocado, Feta-Käse, grünen Zwiebeln oder Tomaten garnieren.
7. Genießen: Als vollwertige Mahlzeit oder Beilage servieren. Dieser Salat bietet eine perfekte Kombination aus Nährstoffen und Geschmack.

Nährwertangaben: Kalorien: 250 kcal ~ Eiweiß: 9g ~ Kohlenhydrate: 35g ~ Fett: 9g ~ Gesättigtes Fett: 1g ~ Cholesterin: 0mg ~ Ballaststoffe: 10g ~ Zucker: 5g

30. Mediterraner Farro- und gegrillter Gemüsesalat

Genießen Sie eine Mischung aus nussigen Farrokörnern und saftig gegrilltem Gemüse wie Zucchini, Auberginen und roter Paprika, abgerundet mit Feta-Käse und einem frischen Zitronen-Oregano-Dressing.

Zubereitungszeit: 15 Minuten | Kochzeit: 25 Minuten | Portionen: 4

Zutaten:
- 1 Tasse Farro, gründlich gespült
- 2 Tassen Wasser oder Gemüsebrühe
- 1 mittelgroße Zucchini, längs in Scheiben geschnitten
- 1 mittelgroßer gelber Kürbis (Sommerkürbis), längs in Scheiben geschnitten
- 1 rote Paprika, halbiert und entkernt
- 1 rote Zwiebel, in dicke Ringe geschnitten
- 1 Esslöffel Olivenöl
- Salz und frisch gemahlener schwarzer Pfeffer, nach Geschmack
- 1/4 Tasse frisches Basilikum, gehackt
- 1/4 Tasse frische Petersilie, gehackt
- 1/4 Tasse zerbröckelter Feta-Käse (optional)
- 2 Esslöffel Balsamico-Glasur (optional)
- Zitronenspalten zum Servieren

Anweisungen:
1. Farro kochen: Farro zusammen mit Wasser oder Gemüsebrühe in einem mittelgroßen Topf zum Kochen bringen. Hitze reduzieren und zugedeckt 20-25 Minuten köcheln lassen, bis der Farro weich ist und die Flüssigkeit absorbiert wurde. Vom Herd nehmen und abkühlen lassen.
2. Grill vorbereiten: Grill oder Grillpfanne auf mittlere bis hohe Temperatur vorheizen.
3. Gemüse grillen: Zucchini, Kürbis, Paprika und Zwiebeln mit Olivenöl bestreichen und mit Salz und Pfeffer würzen. Auf dem Grill von jeder Seite 3-4 Minuten grillen, bis das Gemüse weich und schön grillmarkiert ist. Anschließend abkühlen lassen.
4. Salat vorbereiten: Gegrilltes Gemüse in mundgerechte Stücke schneiden und zusammen mit dem Farro in eine große Salatschüssel geben.
5. Kräuter und Dressing hinzufügen: Basilikum und Petersilie unterheben. Alles gut vermischen.
6. Salat finalisieren: Optional Feta-Käse und Balsamico-Glasur über den Salat geben.
7. Anrichten: Salat auf Teller verteilen und mit frischen Zitronenspalten servieren, die Gäste können den Salat nach Belieben selbst beträufeln.
8. Genießen: Servieren Sie diesen farbenfrohen und gesunden Salat als Hauptgericht oder Beilage.

Nährwertangaben: Kalorien: 250 kcal ~ Eiweiß: 6g ~ Kohlenhydrate: 40g ~ Fett: 7g ~ Gesättigtes Fett: 1g ~ Cholesterin: 0mg ~ Ballaststoffe: 7g ~ Zucker: 4g

31. Thai-Erdnuss-Knusper-Salat

Entdecken Sie die Frische dieses lebendigen Salats aus zerkleinertem Kohl, Karotten, Paprika und Koriander, abgerundet mit einem würzigen Erdnussdressing und garniert mit knackigen Erdnüssen.

Zubereitungszeit: 15 Minuten | Portionen: 4

Zutaten:
- 4 Tassen geschredderter Kohl oder Krautsalatmischung
- 1 rote Paprika, in dünne Streifen geschnitten
- 1 Karotte, julienniert oder gerieben
- 1/2 Salatgurke, in dünne Scheiben geschnitten
- 1/4 Tasse frischer Koriander, gehackt

- 1/4 Tasse grüne Zwiebeln, gehackt
- 1/4 Tasse Erdnüsse, gehackt
- 1/4 Tasse knusprig gebratene Nudeln oder Wontonstreifen (optional)

Für das Erdnuss-Dressing:
- 1/4 Tasse Erdnussbutter
- 2 Esslöffel Sojasauce
- 2 Esslöffel Reisessig
- 1 Esslöffel Honig oder Ahornsirup
- 1 Esslöffel Sesamöl
- 1 Knoblauchzehe, fein gehackt
- 1 Teelöffel frischer Ingwer, gerieben
- 1 Esslöffel Wasser (oder mehr, je nach Bedarf)

Anweisungen:
1. Gemüse vorbereiten: In einer großen Schüssel den geschredderten Kohl, die Paprikastreifen, die Karotte, die Gurkenscheiben, den gehackten Koriander und die grünen Zwiebeln mischen.
2. Erdnuss-Dressing zubereiten: In einer kleinen Schüssel Erdnussbutter, Sojasauce, Reisessig, Honig, Sesamöl, gehackten Knoblauch und geriebenen Ingwer zu einem glatten Dressing verrühren. Bei Bedarf Wasser hinzufügen, um die gewünschte Konsistenz zu erreichen.
3. Salat schwenken: Das Erdnussdressing über die Gemüsemischung gießen und alles gründlich vermengen, bis das Gemüse gleichmäßig mit dem Dressing bedeckt ist.
4. Knusprige Toppings hinzufügen: Die gehackten Erdnüsse und, falls verwendet, die knusprigen Nudeln oder Wontonstreifen über den Salat streuen.
5. Servieren: Den Salat auf Tellern anrichten und sofort servieren.
6. Genießen: Diesen farbenfrohen und geschmackvollen Salat als Hauptgericht oder Beilage genießen.

Nährwertangaben: Kalorien: 250 kcal ~ Eiweiß: 8g ~ Kohlenhydrate: 20g ~ Fett: 17g ~ Gesättigtes Fett: 3g ~ Cholesterin: 0mg ~ Ballaststoffe: 6g ~ Zucker: 8g

32. Ernte-Apfel-Walnuss-Salat

Genießen Sie die herbstlichen Aromen mit knackigen Äpfeln, gerösteten Walnüssen, getrockneten Cranberries und Blauschimmelkäse-Streuseln auf einem Bett aus gemischtem Salat, abgerundet mit einer Apfelwein-Vinaigrette.

Zubereitungszeit: 10 Minuten | Portionen: 4

Zutaten:
- 6 Tassen gemischter Salat (z. B. Spinat, Rucola und Grünkohl)
- 2 mittelgroße Äpfel, entkernt und in dünne Scheiben geschnitten
- 1/2 Tasse Walnüsse, geröstet und grob gehackt
- 1/4 Tasse getrocknete Cranberries
- 1/4 Tasse zerbröckelter Feta- oder Ziegenkäse (optional)
- 1/4 Tasse Balsamico-Vinaigrette

Anweisungen:
1. Salat vorbereiten: Die gemischten Salatblätter in eine große Schüssel geben.
2. Äpfel hinzufügen: Die geschnittenen Äpfel zu den Salatblättern geben.
3. Walnüsse und Cranberries hinzufügen: Die gerösteten Walnüsse und getrockneten Cranberries über den Salat streuen.

4. **Optional Käse hinzufügen:** Falls verwendet, den zerbröckelten Käse über den Salat streuen.
5. **Dressing anwenden:** Das Balsamico-Vinaigrette-Dressing gleichmäßig über den Salat träufeln.
6. **Mischen:** Alle Zutaten vorsichtig umrühren, bis sie gleichmäßig mit dem Dressing bedeckt sind.
7. **Servieren:** Den Salat auf Tellern anrichten und sofort servieren.
8. **Genießen:** Diesen farbenfrohen und nahrhaften Salat als Beilage oder leichte Mahlzeit genießen.

Nährwertangaben: Kalorien: 200 kcal ~ Eiweiß: 4g ~ Kohlenhydrate: 20g ~ Fett: 12g ~ Gesättigtes Fett: 1,5g ~ Cholesterin: 0mg ~ Ballaststoffe: 5g ~ Zucker: 15g

One-Pot Wonders: Einfache, schmackhafte Gerichte mit minimalem Reinigungsaufwand

Meine Herren, willkommen in dem Teil des Buches, in dem die Magie in nur einem Topf geschieht – denn wer sagt, dass man keine Festmahl zaubern kann, ohne die Küche in ein Schlachtfeld zu verwandeln? Dies ist "One-Pot Wonders", der Dreh- und Angelpunkt unseres Kapitels "Schnelle und beeindruckende Mittagessen", entworfen für jene, die ihre Zeit lieber genießend als putzend verbringen möchten.

Ich weiß, was Sie jetzt denken: Ein Topf? Kann etwas so Simples wirklich überzeugen? Oh, ihr Zweifler! Wir begeben uns auf einen kulinarischen Kreuzzug, der nicht nur Ihre Mägen füllen, sondern Ihnen auch die Qualen des Abwaschens eines endlosen Berges von Töpfen und Pfannen ersparen wird.

Diese Rezepte werden zu Ihren neuen besten Freunden. Sie verstehen, dass Ihre kulinarische Reise derzeit vielleicht mehr ums Überleben als um feinste Geschmäcker kreist. Sie sind hier, um zu beweisen, dass Sie keine überquellende Spüle benötigen, um Ihre Fähigkeiten in der Küche unter Beweis zu stellen.

Also, lasst uns eintauchen in die Kunst, Mittagessen zu kreieren, die genauso befriedigend zu kochen wie zu essen sind, und das alles mit einem absoluten Minimum an Aufräumarbeiten. Denn das Einzige, was besser ist als ein großartiges Essen, ist, danach nicht viel aufräumen zu müssen. Lassen Sie uns beginnen, ein Topf nach dem anderen.

33. Cremiges Pilz-Spinat-Risotto

Ein luxuriöses Risotto, gekocht mit erdigen Pilzen und frischem Spinat, verfeinert mit Parmesan – eine cremige Perfektion aus einem Topf.

Zubereitungszeit: 10 Minuten | Kochzeit: 30 Minuten | Portionen: 4

Zutaten:
- 1 Esslöffel Olivenöl
- 1 Zwiebel, fein gewürfelt
- 2 Knoblauchzehen, gehackt
- 225 g Champignons, gescheibelt (beliebige Sorte)
- 1 Tasse Arborio-Reis
- 1 Liter Gemüse- oder Hühnerbrühe, erwärmt
- 120 ml trockener Weißwein (optional)
- 2 Tassen frischer Blattspinat
- 60 g geriebener Parmesankäse
- Salz und Pfeffer zum Abschmecken
- Frische Petersilie, gehackt, zum Garnieren (optional)

Anweisungen:
1. **Aromaten anbraten:** In einem großen Topf oder Dutch Oven das Olivenöl auf mittlerer Hitze erwärmen. Zwiebel hinzufügen und 2-3 Minuten dünsten, bis sie weich ist. Knoblauch dazugeben und weitere 1-2 Minuten kochen, bis er aromatisch ist.
2. **Pilze kochen:** Champignons zufügen und 5-7 Minuten braten, bis sie goldbraun und weich sind.
3. **Reis rösten:** Arborio-Reis hinzufügen und umrühren, sodass er gut mit den Aromen und dem Öl überzogen ist. Etwa 1-2

Minuten rösten, bis die Reiskörner leicht glasig erscheinen.

4. Flüssigkeit hinzufügen: Zuerst den Weißwein eingießen (falls verwendet) und rühren, bis er fast vollständig absorbiert ist. Anschließend nach und nach die heiße Brühe dazugeben, dabei ständig rühren. Warten, bis der Reis die Brühe jeweils fast vollständig aufgenommen hat, bevor mehr hinzugefügt wird. Fortfahren, bis der Reis cremig und noch bissfest ist, circa 20-25 Minuten.
5. Spinat einrühren: Wenn der Reis fast fertig ist, den Spinat unterheben und 2-3 Minuten kochen, bis er eingewirkt ist und welkt.
6. Fertigstellen und abschmecken: Vom Herd nehmen und Parmesan einrühren, bis dieser geschmolzen und das Risotto cremig ist. Mit Salz und Pfeffer abschmecken.
7. Anrichten: Das Risotto in Schüsseln geben und optional mit frischer Petersilie garnieren.
8. Genießen: Das Risotto warm als nahrhafte Hauptmahlzeit oder Beilage servieren.

Nährwertangaben: Kalorien: 320 kcal ~ Eiweiß: 8g ~ Kohlenhydrate: 50g ~ Fett: 8g ~ Gesättigtes Fett: 2g ~ Cholesterin: 5mg ~ Ballaststoffe: 3g ~ Zucker: 3g

34: Zitronen-Knoblauch-Hähnchen mit Kartoffeln

Ein Gericht, das mit minimaler Mühe maximale Geschmacksintensität bietet: Hähnchenschenkel und Babykartoffeln, perfekt geröstet mit Zitronenscheiben und Knoblauch.

Zubereitungszeit: 10 Minuten | Portionen: 4 | Kochzeit: 40 Minuten

Zutaten:

- 4 Hähnchenschenkel mit Haut und Knochen
- 4 mittelgroße Kartoffeln, gewürfelt
- 4 Knoblauchzehen, gehackt
- 1 Zitrone, in Scheiben geschnitten
- 2 Esslöffel Olivenöl
- 1 Teelöffel getrockneter Thymian
- 1 Teelöffel getrockneter Rosmarin
- Salz und Pfeffer nach Geschmack
- Frische Petersilie, gehackt, zum Garnieren (optional)

Anweisungen:
1. Ofen vorheizen: Den Ofen auf 200°C (400°F) vorheizen.
2. Hähnchen und Kartoffeln vorbereiten: Die Hähnchenschenkel trocken tupfen und großzügig mit Salz, Pfeffer, Thymian und Rosmarin würzen. In einer großen ofenfesten Pfanne oder einem Backblech die gewürfelten Kartoffeln und den gehackten Knoblauch verteilen. Mit Olivenöl beträufeln und gleichmäßig vermengen.
3. Gericht zusammenstellen: Die gewürzten Hähnchenschenkel auf die Kartoffeln und den Knoblauch in der Pfanne legen. Zitronenscheiben auf den Hähnchenteilen anordnen.
4. Backen: Die Pfanne oder das Backblech in den vorgeheizten Ofen schieben und 35-40 Minuten backen, bis die Hähnchen durchgegart und die Kartoffeln weich sind.
5. Servieren: Das Gericht aus dem Ofen nehmen und optional mit frischer Petersilie garnieren. Heiß servieren.
6. Genießen: Genießen Sie dieses aromatische und tröstende Ein-Topf-Gericht direkt aus dem Ofen!

Nährwertangaben: Kalorien: 380 kcal ~ Eiweiß: 25g ~ Kohlenhydrate: 25g ~ Fett: 20g ~ Gesättigtes Fett: 5g ~ Cholesterin: 90mg ~ Ballaststoffe: 3g ~ Zucker: 2g

35. Suppe mit Wurst, Grünkohl und weißen Bohnen

Eine herzhafte und gemütliche Suppe, zubereitet mit würziger Wurst, nährstoffreichem Grünkohl und herzhaften weißen Bohnen, ergibt eine harmonische Aromensymphonie. Ideal für ein wärmendes Abendessen an kühlen Tagen.

Zubereitungszeit: 10 Minuten | Portionen: 6 | Kochzeit: 30 Minuten

Zutaten:
- 450 g italienische Wurst (Brät herausgedrückt)
- 1 Zwiebel, gewürfelt
- 3 Knoblauchzehen, gehackt
- 1 Liter Hühnerbrühe
- 500 ml Wasser
- 2 Dosen (je 425 g) weiße Bohnen, abgetropft und abgespült
- 1 Bund Grünkohl, Stiele entfernt und Blätter grob gehackt
- 1 Teelöffel getrockneter Thymian
- Salz und Pfeffer nach Geschmack
- Geriebener Parmesankäse, zum Servieren (optional)

Anweisungen:
1. Wurst anbraten: In einem großen Topf oder einem Dutch Oven die Wurst bei mittlerer Hitze anbraten. Mit einem Holzlöffel zerteilen, bis sie gebräunt und durchgegart ist, etwa 5-7 Minuten.
2. Zwiebel und Knoblauch zufügen: Die gewürfelte Zwiebel zur Wurst geben und 3-4 Minuten dünsten, bis sie weich ist. Den gehackten Knoblauch hinzufügen und 1-2 Minuten mitdünsten, bis er aromatisch wird.
3. Flüssigkeit hinzufügen: Hühnerbrühe und Wasser in den Topf geben und umrühren, um angebackene Bratreste zu lösen. Zum Köcheln bringen.
4. Bohnen und Grünkohl hinzufügen: Die abgetropften Bohnen, den Grünkohl und den Thymian einrühren. Mit Salz und Pfeffer abschmecken.
5. Köcheln lassen: Die Hitze reduzieren und die Suppe 15-20 Minuten langsam köcheln lassen, bis der Grünkohl weich ist.
6. Servieren: Die Suppe in Schüsseln füllen. Optional mit Parmesankäse bestreuen.
7. Genießen: Heiß servieren und dieses nahrhafte Gericht als Hauptmahlzeit genießen.

Nährwertangaben: Kalorien: 320 kcal ~ Eiweiß: 20g ~ Kohlenhydrate: 25g ~ Fett: 16g ~ Gesättigtes Fett: 6g ~ Cholesterin: 40mg ~ Ballaststoffe: 6g ~ Zucker: 2g

36. Curry-Linsen-Gemüse-Eintopf

Ein nahrhafter und würziger Eintopf aus Linsen und Gemüse, gekocht in einer aromatischen Currybrühe – ideal für eine beruhigende und sättigende Mahlzeit.

Zubereitungszeit: 10 Minuten | Portionen: 6 | Kochzeit: 30 Minuten

Zutaten:
- 200 g grüne Linsen, gespült und abgetropft
- 1 EL Olivenöl
- 1 Zwiebel, gewürfelt
- 2 Knoblauchzehen, gehackt
- 1 EL Currypulver
- 1 TL gemahlener Kreuzkümmel
- 1 TL gemahlener Koriander
- 1/2 TL Kurkumapulver
- 1 Liter Gemüsebrühe
- 400 g gewürfelte Tomaten (aus der Dose)

- 2 Möhren, geschält und gewürfelt
- 2 Kartoffeln, geschält und gewürfelt
- 150 g Spinat oder Grünkohl, gehackt
- Salz und Pfeffer, zum Abschmecken
- Frischer Koriander oder Petersilie, zum Garnieren

Zubereitung:
1. Aromaten anbraten: In einem großen Topf das Olivenöl auf mittlerer Hitze erhitzen. Zwiebeln dazugeben und 2-3 Minuten dünsten, bis sie weich sind. Knoblauch hinzufügen und eine weitere Minute kochen.
2. Gewürze hinzufügen: Currypulver, Kreuzkümmel, Koriander und Kurkuma einrühren und 1 Minute unter Rühren kochen, um die Aromen freizusetzen.
3. Linsen und Flüssigkeit hinzufügen: Linsen in den Topf geben, mit Gemüsebrühe aufgießen und zum Kochen bringen. Hitze reduzieren und 10 Minuten köcheln lassen.
4. Gemüse hinzufügen: Tomaten, Möhren und Kartoffeln hinzufügen, umrühren und köcheln lassen.
5. Weiter köcheln lassen: Den Topf abdecken und 15-20 Minuten köcheln, bis alles weich ist.
6. Grünzeug einrühren: Spinat oder Grünkohl hinzufügen und weitere 2-3 Minuten kochen.
7. Abschmecken: Mit Salz und Pfeffer würzen und ggf. nachwürzen.
8. Servieren: Heiß in Schüsseln anrichten und mit frischem Koriander oder Petersilie garnieren.

Nährwertangaben: Kalorien: 250 kcal ~ Eiweiß: 12g ~ Kohlenhydrate: 45g ~ Fett: 3g ~ Gesättigtes Fett: 0,5g ~ Cholesterin: 0mg ~ ~ Ballaststoffe: 12g ~ Zucker: 6g

37. Chili-Makkaroni mit Käse aus einem Topf

Ein komfortables Gericht kombiniert mit dem Geschmack von Chili und Käse, zubereitet in nur einem Topf für maximale Einfachheit und Genuss.

Zubereitungszeit: 10 Minuten | Kochzeit: 25 Minuten | Portionen: 6

Zutaten:
- 500 g Rinderhackfleisch
- 1 Zwiebel, gewürfelt
- 3 Knoblauchzehen, gehackt
- 200 g Ellenbogen-Makkaroni
- 400 g gewürfelte Tomaten (1 Dose)
- 400 g rote Kidneybohnen (1 Dose), abgetropft und abgespült
- 1 Liter Rinderbrühe
- 1 EL Chilipulver
- 1 TL gemahlener Kreuzkümmel
- Salz und frisch gemahlener schwarzer Pfeffer, zum Abschmecken
- 200 g Cheddar-Käse, geschreddert
- Frischer Koriander, gehackt, zum Garnieren (optional)
- Saure Sahne, zum Servieren (optional)

Anweisungen:
1. Wurst anbraten: In einem großen Topf oder Dutch Oven das Rinderhackfleisch auf mittlerer Hitze braten, bis es gebräunt ist. Zerkrümeln Sie das Fleisch während des Bratens.
2. Zwiebel und Knoblauch zufügen: Zwiebel hinzufügen und 2-3 Minuten dünsten, bis sie weich ist. Knoblauch hinzufügen und weitere 1-2 Minuten kochen, bis er aromatisch ist.
3. Weitere Zutaten hinzufügen: Makkaroni, Tomaten, Kidneybohnen, Brühe, Chilipulver, Kreuzkümmel, Salz und Pfeffer einrühren. Alles zum Köcheln bringen.
4. Köcheln lassen: Hitze reduzieren und 15-20 Minuten köcheln lassen, bis die Makkaroni weich sind.

5. Käse einrühren: Vom Herd nehmen und Cheddar-Käse unterrühren, bis er geschmolzen ist.
6. Servieren: Auf Teller verteilen, mit Koriander garnieren und nach Wunsch mit saurer Sahne servieren.
7. Genießen: Sofort heiß servieren und den reichhaltigen, wärmenden Geschmack genießen.

Nährwertangaben: Kalorien: 450 kcal ~ Eiweiß: 25g ~ Kohlenhydrate: 35g ~ Fett: 22g ~ Gesättigtes Fett: 10g ~ Cholesterin: 70mg ~ Ballaststoffe: 6g ~ Zucker: 5g

38. Paella mit Shrimps und Chorizo

Eine einfachere Version der klassischen spanischen Paella, reich an Garnelen und Chorizo, bietet ein rauchig-würziges Geschmackserlebnis.

Zubereitungszeit: 15 Minuten | Kochzeit: 35 Minuten | Portionen: 4

Zutaten:
- 500 g Chorizo-Wurst, in Scheiben geschnitten
- 1 Zwiebel, gewürfelt
- 2 Knoblauchzehen, gehackt
- 1 rote Paprika, gewürfelt
- 1 gelbe Paprika, gewürfelt
- 300 g Arborio-Reis
- 1 TL geräucherter Paprika
- 1/2 TL Safranfäden (optional)
- 875 ml Hühnerbrühe
- 150 g gefrorene Erbsen
- 500 g große Garnelen, geschält und entdarmt
- Salz und Pfeffer, nach Geschmack
- Frische Petersilie, zum Garnieren
- Zitronenspalten, zum Servieren

Anweisungen:
1. Chorizo anbraten: Olivenöl in einer großen Pfanne erhitzen. Chorizo darin 3-4 Minuten anbraten, herausnehmen und beiseite stellen.
2. Aromaten dünsten: In derselben Pfanne Zwiebeln weich dünsten, Knoblauch und Paprikawürfel zufügen und 2 Minuten weiterbraten.
3. Reis und Gewürze anrösten: Arborio-Reis, geräucherten Paprika und Safran zugeben und unter Rühren 1 Minute anrösten.
4. Mit Brühe aufgießen und köcheln: Brühe hinzufügen, aufkochen und bei reduzierter Hitze 15-20 Minuten garen, bis der Reis fast weich ist.
5. Erbsen und Meeresfrüchte hinzufügen: Erbsen und Chorizo unterrühren. Garnelen darauflegen und zugedeckt 5-7 Minuten garen, bis sie gar sind.
6. Würzen und abschmecken: Mit Salz und Pfeffer abschmecken.
7. Garnieren und servieren: Mit Petersilie bestreuen und mit Zitronenspalten heiß servieren.

Nährwertangaben: Kalorien: 520 kcal ~ Eiweiß: 35g ~ Kohlenhydrate: 45g ~ Fett: 20g ~ Gesättigtes Fett: 6g ~ Cholesterin: 210mg ~ Ballaststoffe: 5g ~ Zucker: 5g

39. Gemüse-Jambalaya

Ein lebhaftes und würziges Reisgericht mit Paprika, Tomaten und Okra, gekocht mit Cajun-Gewürzen für eine vegetarische Abwandlung des klassischen Jambalaya.

Zubereitungszeit: 15 Minuten | Portionen: 6
Kochzeit: 35 Minuten

Zutaten:
- 1 Esslöffel Olivenöl
- 1 Zwiebel, gewürfelt
- 1 rote Paprika, gewürfelt
- 2 Stangen Sellerie, gewürfelt
- 3 Knoblauchzehen, gehackt
- 250 Gramm Tomaten, gewürfelt (frisch oder aus der Dose)
- 190 Gramm Langkornreis
- 500 Milliliter Gemüsebrühe

- 1 Teelöffel geräucherter Paprika
- 1/2 Teelöffel getrockneter Thymian
- 1/2 Teelöffel getrockneter Oregano
- 1/4 Teelöffel Cayennepfeffer (optional, je nach Geschmack)
- Salz und Pfeffer, nach Geschmack
- 1 Zucchini, gewürfelt
- 1 Aubergine, gewürfelt
- 200 Gramm Okra, gewürfelt
- 240 Gramm Kidneybohnen (Dose), abgetropft und abgespült
- Frische Petersilie oder Frühlingszwiebeln, gehackt (zum Garnieren)

Anweisungen:
1. Aromaten anbraten: Erhitzen Sie das Olivenöl in einem großen Topf auf mittlerer Stufe. Fügen Sie die gewürfelte Zwiebel, Paprika und Sellerie hinzu und dünsten Sie alles unter gelegentlichem Rühren, bis es weich ist, etwa 5-7 Minuten.
2. Knoblauch und Tomaten hinzufügen: Geben Sie den gehackten Knoblauch in den Topf und dünsten Sie ihn eine Minute lang, bis er duftet. Fügen Sie die Tomatenwürfel hinzu und lassen Sie sie 2-3 Minuten köcheln.
3. Reis und Gewürze hinzufügen: Streuen Sie den Langkornreis und die Gewürze (geräucherter Paprika, Thymian, Oregano, Cayennepfeffer, Salz und Pfeffer) in den Topf. Rühren Sie alles gut um, sodass der Reis von den Gewürzen bedeckt wird.
4. Brühe angießen: Gießen Sie die Gemüsebrühe dazu und bringen Sie alles zum Köcheln. Reduzieren Sie die Hitze, decken Sie den Topf ab und lassen Sie den Reis 15 Minuten garen.
5. Gemüse und Bohnen hinzufügen: Heben Sie den Deckel auf und geben Sie Zucchini, Aubergine, Okra und Kidneybohnen hinzu. Lassen Sie alles weitere 10-15 Minuten köcheln, bis der Reis weich und das Gemüse gar ist, dabei gelegentlich umrühren.
6. Würzung überprüfen und servieren: Schmecken Sie das Jambalaya ab und passen Sie die Würze mit Salz und Pfeffer an, falls nötig. Vor dem Servieren mit gehackter frischer Petersilie oder grünen Zwiebeln garnieren.
7. Genießen: Heiß servieren und dieses schmackhafte und sättigende Gemüse-Jambalaya genießen!

Nährwertangaben: Kalorien: 220 kcal ~ Eiweiß: 6g ~ Kohlenhydrate: 42g ~ Fett: 3g ~ Gesättigtes Fett: 0g ~ Cholesterin: 0mg ~ Ballaststoffe: 6g ~ Zucker: 4g

40. Rindfleisch-Stroganoff aus einem Topf

Zarte Rindfleischstreifen und Champignons in einer cremigen Sauce, gemischt mit Eiernudeln, die direkt im Topf gekocht werden – ein unkompliziertes Stroganoff, das ideal für Anfänger ist.

Zubereitungszeit: 10 Minuten | Portionen: 4 | Kochzeit: 25 Minuten

Zutaten:
- 1 Esslöffel Olivenöl
- 450 Gramm Rinderfilet oder Lendenstück, in dünne Streifen geschnitten
- Salz und frisch gemahlener schwarzer Pfeffer, nach Geschmack
- 1 Zwiebel, fein gehackt
- 2 Knoblauchzehen, gehackt

- 225 Gramm Cremini-Pilze, in Scheiben geschnitten
- 2 Esslöffel Allzweckmehl
- 500 Milliliter Rinderbrühe
- 1 Esslöffel Worcestershire-Sauce
- 1 Teelöffel Dijon-Senf
- 120 Milliliter saure Sahne
- 225 Gramm Eiernudeln
- Frische Petersilie, gehackt (zum Garnieren)

Anweisungen:

1. Rindfleisch anbraten: Erhitzen Sie das Olivenöl in einer großen Pfanne oder einem Topf auf mittlerer bis hoher Stufe. Würzen Sie das Rindfleischstreifen mit Salz und Pfeffer. Braten Sie das Fleisch in der Pfanne an, bis es rundherum gebräunt ist, etwa 2-3 Minuten pro Seite. Nehmen Sie das Rindfleisch aus der Pfanne und stellen Sie es beiseite.
2. Aromaten anbraten: In derselben Pfanne die Zwiebel weich dünsten, etwa 2-3 Minuten. Fügen Sie den gehackten Knoblauch und die Pilzscheiben hinzu und braten Sie diese weitere 3-4 Minuten, bis die Pilze weich sind.
3. Soße andicken: Streuen Sie das Mehl über die Pilzmischung und rühren Sie es gut durch, um es gleichmäßig zu verteilen. Lassen Sie es 1-2 Minuten kochen, um den rohen Mehlgout zu beseitigen.
4. Flüssigkeit hinzufügen: Gießen Sie schrittweise die Rinderbrühe dazu, dabei ständig rühren, um Klumpenbildung zu vermeiden. Fügen Sie die Worcestershire-Sauce und den Dijon-Senf hinzu und bringen Sie alles zum Köcheln.
5. Nudeln kochen: Geben Sie die Eiernudeln in die Pfanne und rühren Sie gut um. Decken Sie die Pfanne ab und lassen Sie die Nudeln 10-12 Minuten köcheln, bis sie al dente sind, dabei gelegentlich umrühren.
6. Stroganoff fertigstellen: Fügen Sie das angebratene Rindfleisch wieder hinzu und rühren Sie die saure Sahne unter, bis sie vollständig eingearbeitet ist und die Sauce cremig wird. Lassen Sie alles weitere 2-3 Minuten kochen, bis das Rindfleisch vollständig gegart und die Sauce leicht eingedickt ist.
7. Abschmecken und servieren: Schmecken Sie das Stroganoff ab und würzen Sie bei Bedarf nach. Garnieren Sie das Gericht mit gehackter frischer Petersilie.
8. Genießen: Servieren Sie das Beef Stroganoff heiß und genießen Sie dieses köstliche und herzhafte Gericht.

Nährwertangaben: Kalorien: 480 kcal ~ Eiweiß: 35g ~ Kohlenhydrate: 30g ~ Fett: 25g ~ Gesättigtes Fett: 10g ~ Cholesterin: 100mg ~ Ballaststoffe: 3g ~ Zucker: 3g

Kapitel 5: Verabredung zum Essen - Klassiker

Pasta in Perfektion: Klassische Nudelgerichte mit Pfiff meistern.

41. Bachelor's Spaghetti Carbonara

Ein einfach zuzubereitendes Rezept für den Klassiker mit Speck, Eiern und Parmesan, das eine cremige Sauce ohne Sahne ergibt.

Zubereitungszeit: 10 Minuten | Kochzeit: 15 Minuten | Portionen: 2

Zutaten:
- 200 Gramm Spaghetti
- 100 Gramm Pancetta oder Speck, gewürfelt
- 2 große Eier
- 50 Gramm geriebener Parmesankäse, zusätzlich mehr zum Servieren
- Frisch gemahlener schwarzer Pfeffer, nach Geschmack
- Salz, nach Geschmack
- 2 Knoblauchzehen, gehackt (optional)
- Frische Petersilie, gehackt (optional, zum Garnieren)

Anweisungen:
1. Spaghetti kochen: Einen großen Topf mit Salzwasser zum Kochen bringen. Die Spaghetti hinzufügen und gemäß den Anweisungen auf der Verpackung al dente kochen. Eine halbe Tasse des Kochwassers aufbewahren, dann die Spaghetti abgießen.
2. Pancetta/Speck braten: Während die Spaghetti kochen, eine große Pfanne auf mittlerer Stufe erhitzen. Den gewürfelten Pancetta oder Speck hinzufügen und braten, bis er knusprig und goldbraun ist, etwa 5-7 Minuten. Falls verwendet, den gehackten Knoblauch in den letzten 1-2 Minuten hinzufügen, bis er duftet.
3. Eiermischung zubereiten: In einer Schüssel die Eier mit dem geriebenen Parmesan und reichlich frisch gemahlenem schwarzen Pfeffer verquirlen.
4. Zutaten vermischen: Die gekochten und abgetropften Spaghetti zusammen mit dem Speck in die Pfanne geben. Die Pfanne vom Herd nehmen und die Spaghetti mit dem Speck schnell umrühren, bis alles gut vermischt ist.
5. Ei-Mischung hinzufügen: Die Eier-Käse-Mischung über die heißen Spaghetti gießen. Alles schnell umrühren, sodass die Eier die Spaghetti gleichmäßig bedecken und durch die Restwärme der Nudeln eine cremige Sauce entsteht. Bei Bedarf das aufbewahrte Kochwasser schrittweise hinzufügen, um die gewünschte Konsistenz zu erreichen.
6. Servieren: Die Spaghetti Carbonara auf Teller verteilen. Mit extra geriebenem Parmesan, frisch gemahlenem schwarzen Pfeffer und, falls gewünscht, gehackter frischer Petersilie garnieren.
7. Genießen: Sofort servieren und das köstliche Gericht genießen!

Nährwertangaben: Kalorien: 520 kcal ~ Eiweiß: 25g ~ Kohlenhydrate: 45g ~ Fett: 20g ~ Gesättigtes Fett: 8g ~ Cholesterin: 240mg ~ Ballaststoffe: 2g ~ Zucker: 2g

42. Knoblauch-Garnelen-Linguine

Schnell zubereitete Linguine in einem Knoblauchöl, garniert mit saftigen Garnelen und verfeinert mit frischer Petersilie.

Zubereitungszeit: 10 Minuten |
Kochzeit: 15 Minuten | Portionen: 4
Zutaten:

- 400 Gramm Linguine
- 400 Gramm Garnelen, geschält und entdarmt
- 4 Knoblauchzehen, gehackt
- 60 Milliliter Olivenöl (etwa 1/4 Tasse)
- 1/4 Teelöffel rote Pfefferflocken (optional)
- Salz, nach Geschmack
- Frisch gemahlener schwarzer Pfeffer, nach Geschmack
- 2 Esslöffel frische Petersilie, gehackt
- 1 Esslöffel Zitronensaft
- Geriebener Parmesankäse, zum Servieren (optional)

Anweisungen:

1. Linguine kochen: Einen großen Topf mit Salzwasser zum Kochen bringen. Die Linguine hinzufügen und gemäß Packungsanweisung al dente kochen. Eine halbe Tasse des Kochwassers aufbewahren, dann die Linguine abgießen.
2. Garnelen anbraten: Während die Linguine kochen, das Olivenöl in einer großen Pfanne bei mittlerer Hitze erhitzen. Gehackten Knoblauch und, falls verwendet, rote Pfefferflocken hinzufügen. 1-2 Minuten anbraten, bis der Knoblauch duftet. Achten Sie darauf, dass der Knoblauch nicht verbrennt.
3. Garnelen zubereiten: Die geschälten und entdarmten Garnelen hinzufügen, mit Salz und Pfeffer würzen und etwa 2-3 Minuten pro Seite braten, bis sie rosa und undurchsichtig sind.
4. Kombinieren: Die abgetropften Linguine zu den Garnelen in die Pfanne geben. Alles gut durchschwenken, sodass die Linguine mit dem Knoblauchöl überzogen und die Garnelen gleichmäßig verteilt sind.
5. Fertigstellen: Die Pfanne vom Herd nehmen. Die Linguine mit Zitronensaft beträufeln und mit der gehackten Petersilie bestreuen. Erneut durchschwenken, um alles gut zu vermischen.
6. Anrichten: Die Knoblauch-Garnelen-Linguine auf Serviertellern anrichten. Optional mit geriebenem Parmesankäse bestreuen.
7. Servieren: Heiß servieren und das aromatische Gericht genießen!

Nährwertangaben: Kalorien: 380 kcal ~ Eiweiß: 25g ~ Kohlenhydrate: 45g ~ Fett: 12g ~ Gesättigtes Fett: 2g ~ Cholesterin: 150mg ~ Ballaststoffe: 3g ~ Zucker: 2g

43. Pikante Wurst und Paprika Penne

Penne-Nudeln kombiniert mit gebratener Wurst und Paprika, abgerundet mit einer würzigen Tomatensauce.

Zubereitungszeit: 10 Minuten |
Kochzeit: 20 Minuten | Portionen: 4
Zutaten:

- 300 Gramm Penne-Nudeln
- 2 würzige italienische Würste, aus der Pelle genommen
- 1 rote Paprika, in Scheiben geschnitten
- 1 gelbe Paprika, in Scheiben geschnitten

- 1 Zwiebel, in Scheiben geschnitten
- 2 Knoblauchzehen, gehackt
- 400 Gramm gewürfelte Tomaten aus der Dose
- 1 Teelöffel getrockneter Oregano
- 1 Teelöffel getrocknetes Basilikum
- Salz, nach Geschmack
- Frisch gemahlener schwarzer Pfeffer, nach Geschmack
- Geriebener Parmesankäse, zum Servieren
- Gehackte frische Petersilie, zum Garnieren (optional)

Anweisungen:
1. Nudeln kochen: Einen großen Topf mit Salzwasser zum Kochen bringen. Die Penne-Nudeln hinzufügen und gemäß Packungsanweisung al dente kochen. Abgießen und beiseite stellen.
2. Würste anbraten: In einer großen Pfanne etwas Olivenöl bei mittlerer Hitze erhitzen. Die Würste hineingeben und braten, bis sie gebräunt und durchgekocht sind, etwa 5-6 Minuten. Würste aus der Pfanne nehmen und grob zerkleinern.
3. Gemüse anbraten: Die in Scheiben geschnittenen Paprikas und Zwiebeln sowie den gehackten Knoblauch in die Pfanne geben. Unter gelegentlichem Rühren etwa 5 Minuten braten, bis das Gemüse weich wird.
4. Tomatensauce zubereiten: Die gewürfelten Tomaten, getrockneten Kräuter (Oregano und Basilikum) zugeben und mit Salz und Pfeffer würzen. Alles gut umrühren und weitere 5 Minuten köcheln lassen, um die Aromen zu verbinden.
5. Nudeln und Sauce vermischen: Die gekochten Penne-Nudeln zur Wurst-Paprika-Mischung in die Pfanne geben und gut durchmischen, sodass die Nudeln gleichmäßig mit der Sauce bedeckt sind.
6. Anrichten und servieren: Die Penne auf Teller verteilen. Mit geriebenem Parmesankäse und optional mit frischer Petersilie bestreuen.
7. Genießen: Sofort servieren und die pikanten Aromen der Penne mit Wurst und Paprika genießen!

Nährwertangaben: Kalorien: 450 kcal ~ Eiweiß: 18g ~ Kohlenhydrate: 50g ~ Fett: 20g ~ Gesättigtes Fett: 7g ~ Cholesterin: 35mg ~ Ballaststoffe: 6g ~ Zucker: 8g

44. Gebratene Gemüserotini mit Pesto

Eine bunte und schmackhafte Kombination aus geröstetem Gemüse und Rotini-Nudeln, abgerundet mit Pesto.

Zubereitungszeit: 15 Minuten |
Kochzeit: 25 Minuten | Portionen: 4

Zutaten:
- 300 Gramm Rotini-Nudeln
- 2 Tassen gemischtes Gemüse (zum Beispiel Paprika, Zucchini, Kirschtomaten und rote Zwiebeln), gehackt
- 2 Esslöffel Olivenöl
- Salz und frisch gemahlener schwarzer Pfeffer, nach Geschmack
- 1/4 Tasse Pesto-Sauce, selbst gemacht oder gekauft
- Geriebener Parmesankäse, zum Servieren (optional)
- Frische Basilikumblätter, zum Garnieren (optional)

Anweisungen:
1. Backofen vorheizen: Den Backofen auf 200°C vorheizen.
2. Gemüse vorbereiten: Das gehackte Gemüse auf ein Backblech verteilen. Mit Olivenöl beträufeln und mit Salz sowie schwarzem Pfeffer würzen. Alles gut durchmischen, um eine gleichmäßige Beschichtung zu gewährleisten.
3. Gemüse rösten: Das Gemüse für 20-25 Minuten im Ofen rösten, bis es zart und leicht gebräunt ist. Halbzeit einmal

wenden, um gleichmäßiges Garen zu sichern.
4. Nudeln kochen: Während das Gemüse röstet, die Rotini-Nudeln in einem großen Topf mit kochendem Salzwasser gemäß der Packungsanweisung al dente kochen. Anschließend abgießen und beiseite stellen.
5. Nudeln und Gemüse vermischen: Die gekochten Nudeln mit dem gerösteten Gemüse in einer großen Schüssel vermengen.
6. Pesto hinzufügen: Die Pesto-Sauce über die Nudel-Gemüse-Mischung geben und gut durchmischen, bis alles gleichmäßig mit Pesto bedeckt ist.
7. Anrichten und servieren: Die fertigen Gemüse-Rotini auf Servietellern anrichten. Optional mit geriebenem Parmesankäse bestreuen und mit frischen Basilikumblättern garnieren.
8. Genießen: Das Gericht heiß servieren und das lebendige, geschmackvolle Pasta-Erlebnis genießen!

Nährwertangaben: Kalorien: 350 kcal ~ Eiweiß: 9g ~ Kohlenhydrate: 45g ~ Fett: 15g ~ Gesättigtes Fett: 2g ~ Cholesterin: 0mg ~ Ballaststoffe: 5g ~ Zucker: 5g

45. BBQ Pulled Pork Makkaroni

Eine herzhafte Kombination aus klassischen Makkaroni und zartem Pulled Pork, eingehüllt in einer würzigen BBQ-Sauce.

Zubereitungszeit: 10 Minuten |
Kochzeit: 30 Minuten | Portionen: 6

Zutaten:
- 400 Gramm Makkaroni-Nudeln
- 2 Tassen zerkleinertes, vorgegartes BBQ Pulled Pork
- 1 Tasse BBQ-Sauce
- 1 Esslöffel Olivenöl
- 1 Zwiebel, fein gehackt
- 2 Knoblauchzehen, gehackt
- 1 rote Paprika, gewürfelt
- 1 Tasse Maiskörner (frisch, aus der Dose oder gefroren)
- 1 Tasse geriebener Cheddar-Käse
- Salz und frisch gemahlener schwarzer Pfeffer, nach Geschmack
- Gehackte frische Petersilie, zum Garnieren (optional)

Anweisungen:
1. Nudeln kochen: Einen großen Topf mit Salzwasser zum Kochen bringen. Die Makkaroni nach Packungsanweisung al dente kochen, abgießen und beiseite stellen.
2. Pulled Pork vorbereiten: In einer Pfanne das Olivenöl auf mittlerer Stufe erhitzen. Die gehackte Zwiebel hinzufügen und etwa 3-4 Minuten dünsten, bis sie weich ist. Den gehackten Knoblauch beifügen und 1 Minute weiter braten.
3. Zutaten kombinieren: Das zerkleinerte BBQ Pulled Pork zu den Zwiebeln und dem Knoblauch geben. Die BBQ-Sauce hinzufügen und umrühren. Alles 2-3 Minuten kochen lassen, bis das Fleisch erwärmt ist.
4. Gemüse hinzufügen: Die gewürfelte rote Paprika und die Maiskörner in die Pfanne geben und 2-3 Minuten mitbraten, bis das Gemüse weich ist.
5. Nudeln und Soße vermischen: Die gekochten Makkaroni zur Pulled Pork-Mischung in die Pfanne geben und gut umrühren, sodass die Nudeln gleichmäßig mit der Sauce bedeckt sind.

6. Käse hinzufügen: Den Cheddar-Käse über die Makkaroni streuen und umrühren, bis der Käse geschmolzen und gleichmäßig verteilt ist.
7. Abschmecken: Die BBQ Pulled Pork Makkaroni mit Salz und schwarzem Pfeffer abschmecken.
8. Anrichten und servieren: Die Makkaroni auf Tellern anrichten und optional mit frischer Petersilie garnieren.
9. Genießen: Heiß servieren und sich an diesem schmackhaften und herzhaften Gericht erfreuen.

Nährwertangaben: Kalorien: 480 kcal ~ Eiweiß: 22g ~ Kohlenhydrate: 60g ~ Fett: 16g ~ Gesättigtes Fett: 7g ~ Cholesterin: 45mg ~ Ballaststoffe: 4g ~ Zucker: 15g

46. Einfache Cajun-Jambalaya-Nudeln

Bringen Sie die Aromen von New Orleans mit einer einfachen und würzigen Kombination aus Huhn, Wurst und Nudeln in Ihre Küche.

Zubereitungszeit: 10 Minuten | Kochzeit: 25 Minuten | Portionen: 4

Zutaten:
- 250 Gramm Penne-Nudeln
- 2 Esslöffel Olivenöl
- 2 Hühnerbrüste ohne Knochen und Haut, gewürfelt
- 200 Gramm geräucherte Wurst, in Scheiben geschnitten (z.B. Andouille oder Chorizo)
- 1 Zwiebel, gewürfelt
- 1 Paprikaschote, gewürfelt
- 2 Knoblauchzehen, gehackt
- 400 Gramm gewürfelte Tomaten (aus der Dose)
- 1 Teelöffel Cajun-Gewürz
- 1/2 Teelöffel getrockneter Thymian
- Salz und frisch gemahlener schwarzer Pfeffer, nach Geschmack
- 2 Tassen Hühnerbrühe
- 1/4 Tasse schwere Sahne
- Frische Petersilie, gehackt (zum Garnieren)
- Geriebener Parmesankäse, zum Servieren (optional)

Anweisungen:
1. Nudeln kochen: In einem großen Topf Salzwasser zum Kochen bringen. Die Penne-Nudeln gemäß den Packungsanweisungen al dente kochen. Abgießen und beiseite stellen.
2. Hähnchen und Würstchen anbraten: In einer großen Pfanne oder einem Topf das Olivenöl auf mittlerer bis hoher Stufe erhitzen. Die gewürfelten Hühnerbrüste und die geschnittenen Würstchen hinzufügen und braten, bis das Hühnchen gebräunt und durchgegart sowie die Wurst leicht gebräunt ist, etwa 5-6 Minuten. Beiseite stellen.
3. Gemüse anbraten: In derselben Pfanne die gewürfelte Zwiebel, Paprikaschote und den gehackten Knoblauch hinzufügen und braten, bis das Gemüse weich ist, etwa 3-4 Minuten.
4. Tomaten und Gewürze hinzufügen: Die gewürfelten Tomaten mit Saft, Cajun-Gewürz, getrockneten Thymian sowie Salz und Pfeffer hinzufügen und gut umrühren. Alles zusammen 2 Minuten köcheln lassen, um die Aromen zu entfalten.
5. Nudeln und Soße vermengen: Die zuvor gekochten Hühnerbrust- und Wurststücke zurück in die Pfanne geben. Die gekochten Nudeln und die Hühnerbrühe hinzufügen und gut umrühren.
6. Köcheln lassen: Die Hitze reduzieren und die Mischung 10-12 Minuten leicht köcheln lassen, bis die Nudeln die Flüssigkeit aufgenommen haben und die Soße eingedickt ist.
7. Mit Sahne verfeinern: Die schwere Sahne einrühren und weitere 2-3 Minuten köcheln lassen, bis die Soße cremig wird.

8. Garnieren und servieren: Mit frisch gehackter Petersilie garnieren und heiß servieren. Nach Belieben mit geriebenem Parmesan bestreuen.
9. Genießen: Sofort servieren und das schmackhafte Cajun-inspirierte Nudelgericht genießen!

Nährwertangaben: Kalorien: 520 kcal ~ Eiweiß: 30g ~ Kohlenhydrate: 45g ~ Fett: 25g ~ Gesättigtes Fett: 8g ~ Cholesterin: 85mg ~ Ballaststoffe: 4g ~ Zucker: 5g

47. Bier-Knoblauch-Spaghetti

Ein einfaches Gericht aus Spaghetti, die in Bier gekocht und mit einer aromatischen Knoblauch-Olivenöl-Sauce übergossen werden, abgerundet durch eine Note roter Pfefferflocken.

Zubereitungszeit: 5 Minuten |
Kochzeit: 20 Minuten | Portionen: 4

Zutaten:
- 300 Gramm Spaghetti
- 2 Esslöffel Olivenöl
- 4 Knoblauchzehen, gehackt
- 1/2 Teelöffel rote Pfefferflocken (optional)
- 1 Tasse Bier (vorzugsweise helles Ale oder Lager)
- Salz und frisch gemahlener schwarzer Pfeffer, nach Geschmack
- 2 Esslöffel ungesalzene Butter
- Frische Petersilie, gehackt (zum Garnieren)
- Geriebener Parmesankäse, zum Servieren (optional)

Anweisungen:
1. Spaghetti kochen: In einem großen Topf Salzwasser zum Kochen bringen. Die Spaghetti gemäß Packungsanleitung bissfest kochen. 1/2 Tasse des Kochwassers aufbewahren, dann die Nudeln abgießen und beiseite stellen.
2. Knoblauch anbraten: Das Olivenöl in einer großen Pfanne auf mittlerer Stufe erhitzen. Den gehackten Knoblauch und rote Pfefferflocken hinzufügen und 1-2 Minuten anbraten, bis der Knoblauch duftet und leicht goldbraun wird.
3. Mit Bier ablöschen: Das Bier in die Pfanne gießen und umrühren, dabei alle gebräunten Rückstände vom Pfannenboden lösen. 3-4 Minuten köcheln lassen, bis der Alkohol verdampft ist und die Aromen sich entfaltet haben.
4. Würzen: Die Biermischung mit Salz und schwarzem Pfeffer abschmecken.
5. Nudeln zugeben: Die gekochten Spaghetti und das reservierte Nudelwasser zur Biermischung in die Pfanne geben. Alles gut umrühren, damit die Spaghetti gleichmäßig mit der Sauce bedeckt sind.
6. Mit Butter verfeinern: Die Butter zur Spaghetti-Sauce geben und unter Schwenken schmelzen lassen, bis sie vollständig eingearbeitet ist.
7. Garnieren und servieren: Die Bier-Knoblauch-Spaghetti mit frisch gehackter Petersilie bestreuen. Heiß servieren, optional mit geriebenem Parmesankäse.
8. Genießen: Sofort servieren und dieses unkomplizierte, köstliche Nudelgericht genießen.

Nährwertangaben: Kalorien: 380 kcal ~ Eiweiß: 8g ~ Kohlenhydrate: 50g ~ Fett: 12g ~ Gesättigtes Fett: 4g ~ Cholesterin: 15mg ~ Ballaststoffe: 2g ~ Zucker: 1g

48. Schnelles Veggie Lo Mein

Ein schnelles und leckeres Nudelgericht mit einer Vielfalt an Gemüsen, gewürzt mit einer asiatisch inspirierten Sauce.

Zubereitungszeit: 10 Minuten |
Kochzeit: 15 Minuten | Portionen: 4
Zutaten:
- 200 Gramm Lo-Mein-Nudeln oder Spaghetti
- 2 Esslöffel Sesamöl
- 2 Knoblauchzehen, gehackt
- 1 kleine Zwiebel, in dünne Scheiben geschnitten
- 1 Paprikaschote, in dünne Scheiben geschnitten
- 1 Karotte, in Juliennescheiben geschnitten
- 1 Tasse Brokkoli-Röschen
- 1/4 Tasse Sojasauce
- 2 Esslöffel Austernsauce
- 1 Esslöffel brauner Zucker
- 1 Teelöffel frisch geriebener Ingwer
- 2 grüne Zwiebeln, in Scheiben geschnitten (zum Garnieren)
- Sesamsamen (optional, zum Garnieren)

Anweisungen:
1. Nudeln kochen: Die Lo-Mein-Nudeln gemäß Packungsanweisung in einem großen Topf mit kochendem Salzwasser bissfest kochen. Abgießen und beiseite stellen.
2. Soße zubereiten: In einer kleinen Schüssel Sojasauce, Austernsauce, braunen Zucker und geriebenen Ingwer gründlich verrühren. Beiseite stellen.
3. Gemüse anbraten: Das Sesamöl in einer großen Pfanne oder einem Wok auf mittlerer bis hoher Stufe erhitzen. Den gehackten Knoblauch und die Zwiebelscheiben hinzufügen und 1-2 Minuten anbraten, bis sie aromatisch sind.
4. Weiteres Gemüse hinzufügen: Paprikascheiben, Karottenstreifen und Brokkoliröschen dazugeben. Unter ständigem Rühren 3-4 Minuten braten, bis das Gemüse zart aber noch knackig ist.
5. Nudeln und Sauce kombinieren: Die gekochten Nudeln zusammen mit der vorbereiteten Sauce in die Pfanne geben. Alles gut durchmischen, bis die Nudeln gleichmäßig mit der Sauce überzogen sind und das Gericht durchgehend heiß ist.
6. Garnieren und servieren: Das Gericht auf Teller verteilen und mit grünen Zwiebelscheiben sowie Sesamsamen garnieren, falls verwendet.
7. Genießen: Sofort servieren und dieses einfache, aromatische Gemüsenudelgericht genießen.

Nährwertangaben: Kalorien: 280 kcal ~ Eiweiß: 7g ~ Kohlenhydrate: 40g ~ Fett: 10g ~ Gesättigtes Fett: 1,5g ~ Cholesterin: 0mg ~ Ballaststoffe: 5g ~ Zucker: 8g

Das Hauptereignis: Fleisch-, Fisch- und vegetarische Hauptgerichte, die sicher beeindrucken werden.

Diese Rezepte sind für Kochanfänger gedacht und konzentrieren sich auf einfache Techniken und Zutaten, die leicht zu finden sind. Jede Vorspeise soll nicht nur den Hunger stillen, sondern auch jeden Gast mit ihrem Geschmack und ihrer Präsentation beeindrucken, was beweist, dass jeder mit ein wenig Anleitung und Selbstvertrauen ein unvergessliches Essen zubereiten kann.

Fleisch

49. Schweinslende mit Ahornglasur

Ein süß-herzhaftes Gericht: Schweinefilet mit einer karamellisierenden Ahornglasur.

Zubereitungszeit: 10 Minuten |
Kochzeit: 25 Minuten | Portionen: 4
Zutaten:
- 1 Schweinefilet (ca. 450 Gramm)
- Salz und frisch gemahlener schwarzer Pfeffer, nach Geschmack
- 2 Esslöffel Olivenöl
- 60 ml Ahornsirup
- 2 Esslöffel Sojasauce
- 1 Esslöffel Dijon-Senf
- 2 Knoblauchzehen, fein gehackt
- 1 Teelöffel getrockneter Thymian
- 1/2 Teelöffel geräuchertes Paprikapulver
- 1/4 Teelöffel rote Chiliflocken (optional)
- Gehackte frische Petersilie, zum Garnieren

Anweisungen:
1. Ofen vorheizen: Den Ofen auf 200°C (400°F) vorheizen.
2. Schweinefilet würzen: Das Schweinefilet rundherum großzügig mit Salz und Pfeffer einreiben.
3. Schweinefilet anbraten: Olivenöl in einer ofenfesten Pfanne auf mittlerer bis hoher Stufe erhitzen. Das Filet hinzufügen und von jeder Seite 2-3 Minuten anbraten, bis es rundum schön gebräunt ist.
4. Glasur vorbereiten: In einer kleinen Schüssel Ahornsirup, Sojasauce, Dijon-Senf, gehackten Knoblauch, Thymian, geräuchertes Paprikapulver und rote Chiliflocken (falls verwendet) gut verquirlen.
5. Schweinefilet glasieren: Die vorbereitete Ahornglasur gleichmäßig über das angebratene Schweinefilet gießen.
6. Schweinefilet garen: Die Pfanne in den vorgeheizten Ofen stellen und das Filet 15-20 Minuten braten, oder bis die Kerntemperatur des Fleisches 63°C (145°F) erreicht. Während des Garens das Fleisch gelegentlich mit der Glasur bestreichen.
7. Ruhen lassen und servieren: Das Filet aus dem Ofen nehmen und vor dem Aufschneiden etwa 5 Minuten ruhen lassen. Mit frischer Petersilie bestreuen.

Nährwertangaben: Kalorien: 280 kcal ~ Eiweiß: 25g ~ Kohlenhydrate: 12g ~ Fett: 14g ~ Gesättigtes Fett: 3g ~ Cholesterin: 75mg ~ Ballaststoffe: 0,5g ~ Zucker: 9g

50. Ultimatives Einsteiger-Chili

Ein herzhaftes Chili mit Rindfleisch, Bohnen und Tomaten, gewürzt mit einer einfachen, aber perfekten Gewürzmischung.

Zubereitungszeit: 15 Minuten |
Kochzeit: 1 Stunde | Portionen: 6
Zutaten:
- 450 g Rinderhackfleisch
- 1 Zwiebel, gewürfelt
- 3 Knoblauchzehen, gehackt
- 1 Dose (425 g) Kidneybohnen, abgetropft und abgespült
- 1 Dose (425 g) schwarze Bohnen, abgetropft und abgespült
- 1 Dose (410 g) gewürfelte Tomaten
- 1 Dose (225 g) Tomatensauce
- 240 ml Rinderbrühe
- 1 Esslöffel Chilipulver
- 1 Teelöffel gemahlener Kreuzkümmel
- 1 Teelöffel Paprikapulver
- Salz und Pfeffer, nach Geschmack
- Optional: geriebener Käse, saure Sahne, gehackter Koriander, geschnittene Jalapeños

Anweisungen:
1. Rindfleisch anbraten: In einem großen Topf oder Dutch Oven das Rinderhackfleisch bei mittlerer Hitze braten, dabei ständig zerkleinern, bis es vollständig gebräunt ist.
2. Aromaten zufügen: Zwiebel und Knoblauch zum gebräunten Hackfleisch

geben und 3-4 Minuten dünsten, bis die Zwiebeln glasig und aromatisch sind.
3. Würzen: Chilipulver, Kreuzkümmel, Paprikapulver sowie Salz und Pfeffer hinzufügen und alles gut umrühren. Eine Minute weiterkochen, um die Gewürze zu aktivieren.
4. Zutaten vermengen: Kidneybohnen, schwarze Bohnen, gewürfelte Tomaten, Tomatensauce und Rinderbrühe einrühren. Alles gut vermischen.
5. Köcheln: Die Hitze reduzieren und das Chili zugedeckt 45 Minuten bis zu einer Stunde köcheln lassen, gelegentlich umrühren.
6. Finalisieren: Vor dem Servieren das Chili abschmecken und bei Bedarf Salz und Pfeffer nachwürzen.
7. Anrichten: Das fertige Chili in Schüsseln füllen und heiß servieren. Nach Belieben mit Käse, saurer Sahne, Koriander und Jalapeños garnieren.

Nährwertangaben: Kalorien: 320 kcal ~ Eiweiß: 22g ~ Kohlenhydrate: 30g ~ Fett: 12g ~ Gesättigtes Fett: 5g ~ Cholesterin: 55mg ~ Ballaststoffe: 8g ~ Zucker: 5g

51. Einfaches Schweinekotelett mit Apfelkompott

Zarte Schweinekoteletts serviert mit einem süß-säuerlichen Apfelkompott, eine perfekte Kombination klassischer Aromen.

Zubereitungszeit: 10 Minuten | Kochzeit: 20 Minuten | Portionen: 4

Zutaten:
- 4 Schweinekoteletts, ohne Knochen
- Salz und Pfeffer, nach Bedarf
- 2 Esslöffel Olivenöl
- 2 Äpfel, geschält, entkernt und in Scheiben geschnitten
- 2 Esslöffel brauner Zucker
- 1/2 Teelöffel gemahlener Zimt
- 1/4 Teelöffel gemahlene Muskatnuss
- 60 ml Apfelwein oder Apfelsaft
- 1 Esslöffel Butter

Anweisungen:
1. Schweinekoteletts würzen: Die Koteletts rundum kräftig mit Salz und Pfeffer einreiben.
2. Koteletts braten: In einer großen Pfanne das Olivenöl auf mittlerer bis hoher Stufe erhitzen. Die Koteletts hinzufügen und von jeder Seite 3-4 Minuten braten, bis sie eine goldbraune Farbe annehmen. Aus der Pfanne nehmen und warm halten.
3. Apfelkompott zubereiten: In derselben Pfanne die Apfelscheiben, braunen Zucker, Zimt und Muskatnuss geben. Umrühren und bei mittlerer Hitze 5 Minuten dünsten, bis die Äpfel weich sind.
4. Mit Apfelwein ablöschen: Den Apfelwein dazugeben und den Bratensatz vom Boden der Pfanne lösen.
5. Kompott köcheln lassen: Die Hitze reduzieren und das Kompott 5 Minuten leicht köcheln lassen, bis es eindickt.
6. Butter einrühren: Die Butter unter das Kompott mischen, bis sie vollständig geschmolzen ist.
7. Koteletts zugeben: Die Koteletts zurück in die Pfanne legen, mit dem Kompott übergießen und 1-2 Minuten erwärmen.
8. Anrichten und servieren: Die Koteletts auf Tellern anrichten, mit dem Apfelkompott garnieren und sofort servieren.

Nährwertangaben: Kalorien: 320 kcal ~ Eiweiß: 25g ~ Kohlenhydrate: 20g ~ Fett: 15g ~ Gesättigtes Fett: 4g ~ Cholesterin: 80mg ~ Ballaststoffe: 3g ~ Zucker: 15g

Fisch

52. Leicht Zuzubereitende Lachsfilets mit Dillsoße

Im Ofen gebackene Lachsfilets, serviert in einer cremigen Dillsauce, perfekt für ein einfaches und nahrhaftes Essen.

Zubereitungszeit: 10 Minuten | Kochzeit: 15 Minuten | Portionen: 4

Zutaten:
- 4 Lachsfilets, mit Haut (je etwa 170 g)
- Salz und schwarzer Pfeffer, nach Geschmack
- 2 Esslöffel Olivenöl
- 1 Esslöffel Zitronensaft
- 2 Esslöffel frischer Dill, gehackt

Für die Dillsauce:
- 120 ml griechischer Joghurt
- 1 Esslöffel Mayonnaise
- 1 Esslöffel Zitronensaft
- 1 Esslöffel frischer Dill, gehackt
- Salz und Pfeffer, nach Geschmack

Anweisungen:
1. Backofen vorheizen: Den Backofen auf 200°C (400°F) vorheizen.
2. Lachs würzen: Die Lachsfilets mit Küchenpapier trocken tupfen und beidseitig großzügig mit Salz und Pfeffer würzen.
3. Dillsoße zubereiten: In einer kleinen Schüssel griechischen Joghurt, Mayonnaise, Zitronensaft und gehackten Dill vermischen. Mit Salz und Pfeffer abschmecken und beiseite stellen.
4. Lachs anbraten: In einer ofenfesten Pfanne das Olivenöl auf mittlerer bis hoher Stufe erhitzen. Die Lachsfilets mit der Hautseite nach unten hineinlegen und etwa 3-4 Minuten braten, bis die Hautseite knusprig ist.
5. In den Ofen geben: Die Pfanne in den vorgeheizten Ofen schieben und die Filets 8-10 Minuten backen, oder bis der Lachs durchgegart ist und sich leicht mit einer Gabel zerteilen lässt.
6. Mit Zitronensaft verfeinern: Den Lachs aus dem Ofen nehmen und sofort mit Zitronensaft beträufeln.
7. Servieren: Die Lachsfilets auf Tellern anrichten und jeweils einen Löffel Dillsoße daraufgeben. Mit zusätzlichem frischem Dill garnieren, falls gewünscht.

Nährwertangaben: Kalorien: 300 kcal ~ Eiweiß: 30g ~ Kohlenhydrate: 3g ~ Fett: 18g ~ Gesättigtes Fett: 3g ~ Cholesterin: 80mg ~ Ballaststoffe: 1g ~ Zucker: 1g

53. Knoblauchbutter-Garnelenpfanne

Schnelle und köstliche Garnelen in einer reichhaltigen Knoblauchbuttersauce, perfekt für ein schnelles Abendessen.

Zubereitungszeit: 10 Minuten | Kochzeit: 10 Minuten | Portionen: 4

Zutaten:
- 450 g große Garnelen, geschält und entdarmt
- Salz und frisch gemahlener schwarzer Pfeffer, nach Geschmack
- 2 Esslöffel Olivenöl
- 4 Esslöffel ungesalzene Butter
- 4 Knoblauchzehen, fein gehackt
- 1 Esslöffel Zitronensaft
- 2 Esslöffel frische Petersilie, gehackt
- Zitronenspalten, zum Servieren

Anweisungen:
1. Garnelen vorbereiten: Garnelen mit Küchenpapier trocken tupfen und mit Salz und Pfeffer würzen.
2. Pfanne erhitzen: Olivenöl in einer großen Pfanne auf mittlerer bis hoher Stufe erhitzen.
3. Garnelen braten: Die Garnelen in einer einzigen Schicht in die heiße Pfanne geben. Etwa 1-2 Minuten pro Seite

braten, bis sie rosa und undurchsichtig sind. Garnelen aus der Pfanne nehmen und beiseite stellen.
4. Knoblauchbutter zubereiten: In derselben Pfanne Butter schmelzen. Gehackten Knoblauch hinzufügen und ca. 1 Minute anbraten, bis er aromatisch ist.
5. Garnelen zugeben: Die Garnelen wieder in die Pfanne geben. Zitronensaft und gehackte Petersilie hinzufügen und alles gut vermischen, bis die Garnelen gleichmäßig mit der Sauce bedeckt sind.
6. Servieren: Die Garnelen sofort heiß servieren, garniert mit zusätzlicher Petersilie und Zitronenspalten nach Belieben.

Nährwertangaben: Kalorien: 240 kcal ~ Eiweiß: 25g ~ Kohlenhydrate: 2g ~ Fett: 15g ~ Gesättigtes Fett: 6g ~ Cholesterin: 230mg ~ Ballaststoffe: 0,5g ~ Zucker: 0g

54. Zitronen-Spargel-Tilapia in einer Pfanne

Leicht und gesund: Tilapia-Filets, serviert mit Zitrone und Spargel, zubereitet in nur einer Pfanne für eine vollständige Mahlzeit.

Zubereitungszeit: 10 Minuten | Kochzeit: 20 Minuten | Portionen: 4
Zutaten:
- 4 Tilapia-Filets
- Salz und frisch gemahlener schwarzer Pfeffer, nach Geschmack
- 1 Bund Spargel, holzige Enden entfernt
- 2 Esslöffel Olivenöl
- 2 Knoblauchzehen, fein gehackt
- 1 Zitrone, in Scheiben geschnitten
- 2 Esslöffel frische Petersilie, gehackt
- Zitronenspalten zum Servieren

Anweisungen:
1. Backofen vorheizen: Den Backofen auf 200°C (400°F) vorheizen.
2. Tilapia würzen: Die Tilapia-Filets trocken tupfen und beidseitig mit Salz und Pfeffer würzen.
3. Spargel vorbereiten: Den vorbereiteten Spargel auf ein Backblech legen, mit Olivenöl beträufeln und den gehackten Knoblauch darüber verteilen. Gut schwenken, damit der Spargel gleichmäßig mit dem Öl bedeckt ist.
4. Tilapia anrichten: Die gewürzten Tilapia-Filets auf dem Spargel auslegen.
5. Zitronenscheiben hinzufügen: Die Zitronenscheiben gleichmäßig auf den Tilapia-Filets verteilen.
6. Backen: Das Backblech in den vorgeheizten Ofen geben und 15-20 Minuten backen, bis der Tilapia vollständig gegart und der Spargel zart ist.
7. Garnieren: Nach dem Backen die Petersilie über den Tilapia und Spargel streuen.
8. Servieren: Den Zitronen-Spargel-Tilapia sofort servieren, garniert mit frischen Zitronenspalten zum Beträufeln.

Nährwertangaben: Kalorien: 250 kcal ~ Eiweiß: 25g ~ Kohlenhydrate: 5g ~ Fett: 15g ~ Gesättigtes Fett: 2,5g ~ Cholesterin: 60mg ~ Ballaststoffe: 2g ~ Zucker: 2g

55. Rustikale Forelle aus der Pfanne mit Mandeln

Genießen Sie zart gebratene Forellenfilets, veredelt mit einer knusprigen Mandelkruste für ein Hauch von Eleganz.

Zubereitungszeit: 10 Minuten | Kochzeit: 15 Minuten | Portionen: 4
Zutaten:
- 4 Forellenfilets, mit Haut

- Salz und frisch gemahlener schwarzer Pfeffer, zum Abschmecken
- 1/2 Tasse Allzweckmehl
- 1/4 Tasse Mandeln, gehackt
- 2 Esslöffel Olivenöl
- 2 Esslöffel ungesalzene Butter
- 2 Knoblauchzehen, fein gehackt
- 1 Esslöffel frischer Zitronensaft
- 1 Esslöffel frische Petersilie, gehackt

Anweisungen:
1. Forellen würzen: Die Forellenfilets trocken tupfen und beidseitig großzügig mit Salz und Pfeffer würzen.
2. Mit Mehl bestäuben: Das Mehl auf einen Teller geben und jedes Forellenfilet darin wenden, überschüssiges Mehl abschütteln.
3. Mandeln rösten: Mandeln in einer trockenen Pfanne auf mittlerer Hitze rösten, bis sie goldbraun sind und duften, etwa 3-4 Minuten. Beiseite stellen.
4. Forellen braten: Das Olivenöl in der Pfanne erhitzen. Die Forellenfilets mit der Hautseite nach unten einlegen und von jeder Seite 3-4 Minuten braten, bis sie knusprig und durchgegart sind. Forellen auf einen Teller legen.
5. Soße zubereiten: Butter in derselben Pfanne schmelzen. Knoblauch hinzufügen und kurz anschwitzen, bis er duftet. Zitronensaft und Petersilie einrühren.
6. Forellen servieren: Die Forellenfilets mit der Knoblauchbutter-Soße übergießen und mit den gerösteten Mandeln bestreuen.

Nährwertangaben: Kalorien: 280 kcal ~ Eiweiß: 20g ~ Kohlenhydrate: 8g ~ Fett: 18g ~ Gesättigtes Fett: 6g ~ Cholesterin: 65mg ~ Ballaststoffe: 2g ~ Zucker: 1g

Vegetarisch

56. Vegetarische Enchiladas mit schwarzen Bohnen

Ein herzhaftes und schmackhaftes Gericht, diese Enchiladas sind gefüllt mit schwarzen Bohnen und Käse, überzogen mit einer einfachen, selbstgemachten Sauce. Perfekt für ein sättigendes Mahl.

Zubereitungszeit: 15 Minuten | Kochzeit: 25 Minuten | Portionen: 6

Zutaten:
- 1 Esslöffel Olivenöl
- 1 Zwiebel, gewürfelt
- 2 Knoblauchzehen, gehackt
- 1 Paprikaschote, gewürfelt
- 1 Dose (ca. 425 g) schwarze Bohnen, abgetropft und abgespült
- 1 Tasse Maiskörner (frisch, gefroren oder aus der Dose)
- 1 Teelöffel gemahlener Kreuzkümmel
- 1 Teelöffel Chilipulver
- Salz und Pfeffer, nach Geschmack
- 1 Dose (ca. 285 g) Enchilada-Sauce
- 6 große Weizenmehltortillas
- 1 Tasse geriebener Käse (Cheddar, Monterey Jack oder eine Mischung)
- Frischer Koriander, gehackt (zum Garnieren)
- Beilagen (optional): Saure Sahne, Avocadoscheiben, Salsa

Anweisungen:
1. Backofen vorheizen: Den Backofen auf 190°C (375°F) vorheizen. Eine Auflaufform (etwa 23x33 cm) einfetten und beiseite stellen.
2. Füllung zubereiten: In einer großen Pfanne das Olivenöl auf mittlerer Stufe erhitzen. Zwiebel hinzufügen und etwa 3-4 Minuten dünsten, bis sie glasig ist. Knoblauch und Paprika zugeben und weitere 2 Minuten anbraten.
3. Bohnen und Mais hinzufügen: Schwarze Bohnen, Mais, Kreuzkümmel, Chilipulver, Salz und Pfeffer einrühren. Alles 2-3 Minuten kochen lassen, bis es gut

durchwärmt und vermischt ist. Vom Herd nehmen.
4. Enchiladas zusammenstellen: Etwas Enchiladasauce auf dem Boden der Auflaufform verteilen. Auf jede Tortilla einen großzügigen Löffel der Bohnenmischung geben, fest aufrollen und mit der Nahtseite nach unten in die Form legen.
5. Mit Sauce und Käse überziehen: Die restliche Sauce gleichmäßig über die Enchiladas gießen und mit Käse bestreuen.
6. Backen: Die Form mit Alufolie abdecken und 20 Minuten backen. Folie entfernen und weitere 5 Minuten backen, bis der Käse geschmolzen und leicht gebräunt ist.
7. Garnieren und servieren: Die Enchiladas kurz abkühlen lassen, dann mit frischem Koriander bestreuen. Warm mit Beilagen wie saurer Sahne, Avocadoscheiben und Salsa servieren.

Nährwertangaben: Kalorien: 350 kcal ~ Eiweiß: 12g ~ Kohlenhydrate: 45g ~ Fett: 14g ~ Gesättigtes Fett: 5g ~ Cholesterin: 20mg ~ Ballaststoffe: 8g ~ Zucker: 4g

57. Gefüllte mediterrane Paprikaschoten

Paprika gefüllt mit einer aromatischen Mischung aus Quinoa, Tomaten, und Gewürzen, im Ofen gebacken bis zur Perfektion.

Zubereitungszeit: 20 Minuten | Kochzeit: 40 Minuten | Portionen: 4

Zutaten:
- 4 große Paprikaschoten, Farbe nach Wahl
- 1 Tasse gekochte Quinoa
- 1 Tasse gekochte Kichererbsen, abgetropft und gespült
- 1 Tasse gewürfelte Tomaten
- 1/2 Tasse zerbröckelter Feta-Käse
- 1/4 Tasse gehackte Kalamata-Oliven
- 2 Knoblauchzehen, gehackt
- 1 Teelöffel getrockneter Oregano
- 1/2 Teelöffel getrocknetes Basilikum
- Salz und Pfeffer, nach Geschmack
- 2 Esslöffel Olivenöl
- Frische Petersilie, gehackt, zum Garnieren

Anweisungen:
1. Backofen vorheizen: Den Backofen auf 190°C (375°F) vorheizen.
2. Paprika vorbereiten: Die Deckel der Paprikaschoten abschneiden und die Samen und Membranen entfernen. Paprikaschoten ausspülen und trocken tupfen.
3. Füllung vorbereiten: In einer großen Schüssel Quinoa, Kichererbsen, Tomaten, Feta-Käse, Oliven, Knoblauch, Oregano, Basilikum, Salz und Pfeffer vermengen. Gründlich umrühren.
4. Paprika füllen: Die Paprikaschoten gleichmäßig mit der Quinoa-Mischung füllen und leicht andrücken.
5. Backen: Die gefüllten Paprikaschoten in eine Auflaufform setzen und mit Olivenöl beträufeln. Die Form mit Aluminiumfolie abdecken und für 30 Minuten im Ofen backen.
6. Weiterbacken: Die Folie entfernen und weitere 10 Minuten backen, bis die Paprikaschoten weich und die Oberfläche leicht gebräunt ist.
7. Servieren: Die gefüllten Paprikaschoten aus dem Ofen nehmen, einige Minuten abkühlen lassen und mit frischer Petersilie bestreuen. Warm servieren.

Nährwertangaben: Kalorien: 320 kcal ~ Eiweiß: 10g ~ Kohlenhydrate: 35g ~ Fett: 15g ~ Gesättigtes Fett: 4g ~ Cholesterin: 15mg ~ Ballaststoffe: 9g ~ Zucker: 8g

58 Gemüse-Curry in Eile

Ein schnelles, aromatisches Curry voller Gemüse, gekocht in Kokosmilch und serviert mit Reis – eine ideale vegetarische Mahlzeit.

Zubereitungszeit: 15 Minuten | Kochzeit: 20 Minuten | Portionen: 4

Zutaten:
- 2 Esslöffel Pflanzenöl
- 1 Zwiebel, gewürfelt
- 2 Knoblauchzehen, gehackt
- 1 Esslöffel frisch geriebener Ingwer
- 2 Möhren, geschält und gewürfelt
- 1 Paprikaschote, gewürfelt
- 1 Zucchini, gewürfelt
- 1 Tasse Blumenkohlröschen
- 1 Tasse grüne Bohnen, geputzt und halbiert
- 2 Esslöffel Currypulver
- 1 Teelöffel gemahlener Kreuzkümmel
- 1 Teelöffel gemahlener Kurkuma
- 1 Teelöffel Paprikapulver
- 1 Dose (400 ml) Kokosmilch
- 1 Dose (400 g) gewürfelte Tomaten
- Salz und Pfeffer, nach Geschmack
- Gekochter Reis oder Naan-Brot, zum Servieren
- Frischer Koriander, gehackt, zum Garnieren

Anweisungen:
1. Backofen vorheizen: Den Backofen auf 190°C (375°F) vorheizen.
2. Paprika vorbereiten: Die Oberseite der Paprikaschoten abschneiden und Kerne sowie Membranen entfernen. Paprikaschoten unter kaltem Wasser ausspülen und trocken tupfen.
3. Füllung zubereiten: In einer großen Schüssel die gekochte Quinoa, Kichererbsen, Tomaten, Feta, Oliven, Knoblauch, Oregano, Basilikum, Salz und Pfeffer vermengen.
4. Paprikas füllen: Die Mischung in die vorbereiteten Paprikaschoten füllen und in eine geölte Backform setzen.
5. Backen: Mit Olivenöl beträufeln und abgedeckt bei 190°C für 30 Minuten backen. Abdeckung entfernen und weitere 10 Minuten backen, bis sie leicht gebräunt sind.
6. Finalisieren und servieren: Aus dem Ofen nehmen, mit frischer Petersilie garnieren und servieren.

Nährwertangaben: Kalorien: 280 kcal ~ Eiweiß: 5g ~ Kohlenhydrate: 20g ~ Fett: 21g ~ Gesättigtes Fett: 17g ~ Cholesterin: 0mg ~ Ballaststoffe: 6g ~ Zucker: 8g

Beilagen-Show: Einfache, köstliche Beilagen, die jede Mahlzeit ergänzen.

Jedes Rezept in diesem Kapitel ist so konzipiert, dass es einfach zuzubereiten ist, mit Zutaten, die Sie wahrscheinlich gerade zur Hand haben oder die Sie leicht in jedem Lebensmittelgeschäft finden können. Diese Beilagen bringen nicht nur Abwechslung und Geschmack in Ihre Mahlzeiten, sondern sind auch so gut, dass sie Ihnen die Show stehlen könnten. Perfekt für Kochanfänger, die ihre kulinarischen Fähigkeiten mit einigen einfachen, aber zufriedenstellenden Ergänzungen zu jeder Mahlzeit abrunden möchten.

59. Gebratener Brokkoli mit Knoblauch und Parmesan

Verwandeln Sie Brokkoli in eine köstliche Beilage, indem Sie ihn mit Knoblauch und Parmesan würzen und dann perfekt rösten.

Zubereitungszeit: 10 Minuten | Kochzeit: 20 Minuten
Portionen: 4
Zutaten:
- 1 großer Kopf Brokkoli, in Röschen zerteilt
- 2 Esslöffel Olivenöl

- 3 Knoblauchzehen, fein gehackt
- 1/4 Tasse geriebener Parmesankäse
- Salz und Pfeffer, nach Geschmack
- Zitronenspalten, zum Servieren (optional)

Anweisungen:
1. Ofen vorheizen: Den Backofen auf 220°C (425°F) vorheizen. Ein Backblech mit Backpapier auslegen, um das Reinigen zu erleichtern.
2. Brokkoli vorbereiten: Den Brokkoli unter kaltem Wasser abspülen und mit Küchenpapier trocken tupfen. Die Röschen vom Stiel schneiden und harte Teile entfernen.
3. Brokkoli würzen: In einer großen Schüssel Brokkoliröschen mit Olivenöl, gehacktem Knoblauch, Parmesankäse, Salz und Pfeffer vermengen. Achten Sie darauf, dass alle Röschen gleichmäßig gewürzt sind.
4. Brokkoli anrichten: Die gewürzten Brokkoliröschen in einer einzigen Schicht auf dem vorbereiteten Backblech verteilen.
5. Braten: Die Brokkoliröschen im vorgeheizten Ofen 15-20 Minuten rösten, bis sie an den Rändern knusprig und golden sind. Prüfen Sie mit einer Gabel, ob der Brokkoli weich ist.
6. Servieren: Den gebratenen Brokkoli aus dem Ofen nehmen und auf eine Servierplatte legen. Mit Zitronenspalten garnieren und optional vor dem Servieren mit Zitronensaft beträufeln.

Nährwertangaben: Kalorien: 120 kcal ~ Eiweiß: 5g ~ Kohlenhydrate: 8g ~ Fett: 9g ~ Gesättigtes Fett: 2g ~ Cholesterin: 5mg ~ Ballaststoffe: 4g ~ Zucker: 2g

60. Kräuter-Couscous mühelos zubereitet

Fluffiger Couscous, angereichert mit frischen Kräutern und einem Hauch Zitrone – eine mühelos elegante Beilage.

Zubereitungszeit: 5 Minuten | Kochzeit: 10 Minuten | Portionen: 4

Zutaten:
- 1 Tasse Couscous
- 1 1/4 Tassen Gemüse- oder Hühnerbrühe
- 2 Esslöffel Olivenöl
- 2 Esslöffel frische Kräuter (z.B. Petersilie, Basilikum, Koriander), fein gehackt
- Salz und Pfeffer, nach Geschmack
- Abgeriebene Schale einer Zitrone (optional)

Anweisungen:
1. Couscous zubereiten: In einem mittelgroßen Topf die Brühe auf mittlerer bis hoher Stufe zum Kochen bringen.
2. Couscous hinzufügen: Sobald die Brühe kocht, den Topf vom Herd nehmen, den Couscous einrühren, den Topf mit einem Deckel verschließen und vom Herd nehmen. Den Couscous 5 Minuten quellen lassen, sodass er die Flüssigkeit vollständig aufnimmt.
3. Couscous auflockern: Den Couscous mit einer Gabel auflockern, um die Körner zu trennen.
4. Würzen: Das Olivenöl und die gehackten Kräuter unter den Couscous mischen. Mit Salz und Pfeffer abschmecken und nach Wunsch etwas abgeriebene Zitronenschale hinzufügen, um den Geschmack zu intensivieren.
5. Servieren: Den fertigen Kräutercouscous auf eine Servierplatte geben und warm als Beilage zu Ihrem Lieblingshauptgericht servieren.

Nährwertangaben: Kalorien: 180 kcal ~ Eiweiß: 5g ~ Kohlenhydrate: 30g ~ Fett: 5g ~ Gesättigtes Fett: 1g ~ Cholesterin: 0mg ~ Ballaststoffe: 2g ~ Zucker: 1g

61. Geräucherte Paprika-Süßkartoffelspalten

Würzige und knusprig geröstete Süßkartoffelspalten, gewürzt mit rauchigem Paprika, bieten einen süß-herzhaften Genuss.

Zubereitungszeit: 10 Minuten | Kochzeit: 25 Minuten | Portionen: 4

Zutaten:
- 2 große Süßkartoffeln
- 2 Esslöffel Olivenöl
- 1 Teelöffel geräucherter Paprika
- 1/2 Teelöffel Knoblauchpulver
- 1/2 Teelöffel Zwiebelpulver
- Salz und Pfeffer nach Geschmack
- Frische Petersilie, gehackt (optional, zum Garnieren)

Anweisungen:
1. Ofen vorheizen: Den Ofen auf 220°C (425°F) vorheizen. Ein Backblech mit Backpapier auslegen, um das Reinigen zu erleichtern.
2. Süßkartoffeln vorbereiten: Die Süßkartoffeln gründlich waschen und trocken tupfen. Jede Süßkartoffel der Länge nach halbieren und jede Hälfte in ca. 1,5 cm dicke Spalten schneiden.
3. Mit Gewürzen bestreichen: In einer großen Schüssel die Süßkartoffelspalten mit Olivenöl, geräuchertem Paprika, Knoblauchpulver, Zwiebelpulver, Salz und Pfeffer vermischen, bis alle Spalten gleichmäßig bedeckt sind.
4. Auf dem Backblech verteilen: Die gewürzten Süßkartoffelspalten in einer einzigen Schicht auf dem vorbereiteten Backblech verteilen.
5. Backen: Die Süßkartoffelspalten 20-25 Minuten backen, bis sie innen weich und außen knusprig und golden sind.
6. Servieren: Die gerösteten Süßkartoffelspalten aus dem Ofen nehmen, auf einer Servierplatte anrichten und optional mit frisch gehackter Petersilie bestreuen. Heiß als Beilage oder leckeren Snack servieren.

Nährwertangaben: Kalorien: 150 kcal ~ Eiweiß: 2g ~ Kohlenhydrate: 20g ~ Fett: 7g ~ Gesättigtes Fett: 1g ~ Cholesterin: 0mg ~ Ballaststoffe: 3g ~ Zucker: 5g

62. Pikante Grüne Bohnen mit Zitrone und Knoblauch

Frische grüne Bohnen, angebraten mit Zitrone und Knoblauch, bieten eine schmackhafte und gesunde Beilage.

Zubereitungszeit: 10 Minuten | Kochzeit: 10 Minuten | Portionen: 4

Zutaten:
- 450 g frische grüne Bohnen, Enden beschnitten
- 2 Esslöffel Olivenöl
- 3 Knoblauchzehen, fein gehackt
- Abrieb von 1 Zitrone
- Saft von 1/2 Zitrone
- Salz und frisch gemahlener Pfeffer nach Geschmack
- Geriebener Parmesankäse zum Servieren (optional)

Anweisungen:
1. Grüne Bohnen blanchieren: Einen großen Topf mit Salzwasser zum Kochen bringen. Grüne Bohnen hinzufügen und 2-3 Minuten kochen lassen, bis sie leuchtend grün und noch leicht knackig sind. Anschließend in ein Eiswasserbad

geben, um den Garprozess sofort zu stoppen. Danach abgießen und trocken tupfen.
2. Knoblauch sautieren: In einer großen Pfanne das Olivenöl auf mittlerer Stufe erhitzen. Den gehackten Knoblauch dazugeben und 1-2 Minuten anbraten, bis er aromatisch ist, jedoch nicht braun wird.
3. Bohnen anbraten: Die blanchierten Bohnen zufügen und schwenken, sodass sie gleichmäßig mit dem Knoblauchöl überzogen sind.
4. Würzen: Mit Salz, Pfeffer und dem Zitronenabrieb würzen. Alles gut vermischen.
5. Mit Zitronensaft verfeinern: Den Zitronensaft darüber geben und alles 2-3 Minuten weiterbraten, bis die Bohnen gut erwärmt und knackig sind.
6. Servieren: Die grünen Bohnen auf eine Servierplatte geben und optional mit geriebenem Parmesankäse bestreuen.

Nährwertangaben: Kalorien: 90 kcal ~ Eiweiß: 2g ~ Kohlenhydrate: 8g ~ Fett: 6g ~ Gesättigtes Fett: 1g ~ Cholesterin: 0mg ~ Ballaststoffe: 4g ~ Zucker: 2g

63. Schnell Eingelegter Gurkensalat

Ein erfrischender Beilagensalat aus dünn geschnittenen Gurken in einem süß-säuerlichen Essigdressing, schnell und einfach zubereitet.

Zubereitungszeit: 10 Minuten | Kochzeit: 5 Minuten | Portionen: 4

Zutaten:
- 2 große Gurken
- 125 ml weißer Essig
- 125 ml Wasser
- 50 g Kristallzucker
- 1 Teelöffel Salz
- 1 Teelöffel ganze schwarze Pfefferkörner
- 1 Teelöffel Senfkörner
- 2 Knoblauchzehen, zerdrückt
- Frischer Dill oder Petersilie, zum Garnieren (optional)

Anweisungen:
1. Gurken vorbereiten: Gurken gründlich waschen und mit einem scharfen Messer oder einer Mandoline in dünne Scheiben schneiden. Die Gurkenscheiben in eine große Schüssel geben.
2. Einlegeflüssigkeit zubereiten: In einem kleinen Topf Essig, Wasser, Zucker, Salz, schwarze Pfefferkörner, Senfkörner und zerdrückte Knoblauchzehen vermischen. Auf mittlerer Hitze erhitzen und unter Rühren kochen, bis Zucker und Salz sich vollständig aufgelöst haben. Vom Herd nehmen.
3. Gurken einlegen: Die heiße Einlegeflüssigkeit über die Gurkenscheiben gießen. Gurken leicht andrücken, sodass alle Scheiben von der Flüssigkeit bedeckt sind.
4. Salat abkühlen lassen: Den Gurkensalat auf Zimmertemperatur abkühlen lassen, dann abdecken und für mindestens eine Stunde kalt stellen, um die Aromen zu intensivieren.
5. Servieren: Den Gurkensalat aus dem Kühlschrank nehmen und vor dem Servieren umrühren. Mit frischem Dill oder Petersilie garnieren.

Nährwertangaben: Kalorien: 45 kcal ~ Eiweiß: 1g ~ Kohlenhydrate: 10g ~ Fett: 0g ~ Gesättigtes Fett: 0g ~ Cholesterin: 0mg ~ Ballaststoffe: 1g ~ Zucker: 8g

64. Rustikales Geröstetes Wurzelgemüse

Ein buntes Gemisch aus Wurzelgemüse, geröstet mit Kräutern, das seine natürliche Süße und Erdigkeit perfekt hervorhebt.

Zubereitungszeit: 15 Minuten | Kochzeit: 35 Minuten | Portionen: 4

Zutaten:
- 2 große Möhren
- 2 Pastinaken
- 2 mittelgroße Kartoffeln
- 1 Süßkartoffel

- 1 rote Zwiebel
- 3 Esslöffel Olivenöl
- 2 Knoblauchzehen, gehackt
- 1 Teelöffel getrockneter Thymian
- 1 Teelöffel getrockneter Rosmarin
- Salz und Pfeffer zum Abschmecken
- Frische Petersilie, zum Garnieren (optional)

Anweisungen:
1. Ofen vorheizen: Den Ofen auf 200°C (400°F) vorheizen. Ein Backblech mit Pergamentpapier oder Folie auslegen, um die Reinigung zu vereinfachen.
2. Gemüse vorbereiten: Karotten, Pastinaken, Kartoffeln und Süßkartoffeln waschen, schälen und in mundgerechte Stücke oder Keile schneiden. Die rote Zwiebel schälen und in dünne Spalten schneiden.
3. Gemüse würzen: Das vorbereitete Gemüse in einer großen Schüssel mit Olivenöl, gehacktem Knoblauch, Thymian, Rosmarin, Salz und Pfeffer vermengen, bis alles gleichmäßig gewürzt ist.
4. Gemüse rösten: Das gewürzte Gemüse in einer einzigen Schicht auf dem Backblech verteilen. Achten Sie darauf, dass die Stücke nicht zu eng liegen, um eine gleichmäßige Röstung zu gewährleisten. Das Gemüse im Ofen 30-35 Minuten rösten, bis es weich und an den Rändern goldbraun ist. Halbzeit einmal wenden.
5. Servieren: Das geröstete Gemüse aus dem Ofen nehmen und auf einer Servierplatte anrichten. Optional mit frischer Petersilie bestreuen. Warm als Beilage servieren.

Nährwertangaben: Kalorien: 230 kcal ~ Eiweiß: 4g ~ Kohlenhydrate: 38g ~ Fett: 8g ~ Gesättigtes Fett: 1g ~ Cholesterin: 0mg ~ Ballaststoffe: 7g ~ Zucker: 8

65. Pikanter Pilz-Reis-Pilaw

Ein einfacher, aber aromatischer Pilaw, bereichert mit gebratenen Pilzen und Zwiebeln, der perfekt als Beilage dient.

Zubereitungszeit: 10 Minuten | Kochzeit: 25 Minuten | Portionen: 4

Zutaten:
- 1 Tasse langkörniger weißer Reis
- 2 Tassen Gemüsebrühe oder Hühnerbrühe
- 2 Esslöffel Olivenöl
- 1 kleine Zwiebel, fein gehackt
- 2 Knoblauchzehen, gehackt
- 225 g Champignons, in Scheiben geschnitten
- 1 Teelöffel getrockneter Thymian
- Salz und Pfeffer, nach Geschmack
- 2 Esslöffel frische Petersilie, gehackt (optional)

Anweisungen:
1. Reis vorbereiten: Den Reis unter kaltem Wasser so lange spülen, bis das Wasser klar bleibt. Dies entfernt überschüssige Stärke und verhindert, dass der Reis klebrig wird.
2. Aromaten anbraten: Olivenöl in einer großen Pfanne oder einem tiefen Topf bei mittlerer Hitze erhitzen. Zwiebel hinzufügen und 2-3 Minuten dünsten, bis sie weich und durchsichtig wird. Knoblauch zugeben und 1 Minute weiterbraten, bis er aromatisch ist.
3. Pilze kochen: Champignons hinzufügen und 5-6 Minuten braten, bis sie goldbraun und weich sind, dabei gelegentlich umrühren.
4. Reis und Gewürze hinzufügen: Gewaschenen Reis und Thymian einrühren, sicherstellen, dass der Reis gleichmäßig mit den Pilzen und dem Öl vermischt ist. Mit Salz und Pfeffer würzen.
5. Reis garen: Brühe angießen, umrühren und zum Kochen bringen. Hitze reduzieren und den Reis zugedeckt 15-18

Minuten köcheln lassen, oder bis er weich ist und die Flüssigkeit vollständig absorbiert wurde. Vom Herd nehmen und 5 Minuten zugedeckt ruhen lassen.
6. Fertigstellen und servieren: Den Reis mit einer Gabel auflockern. Abschmecken und bei Bedarf nachwürzen. Mit frischer Petersilie bestreuen und warm servieren.

Nährwertangaben: Kalorien: 220 kcal ~ Eiweiß: 4g ~ Kohlenhydrate: 34g ~ Fett: 7g ~ Gesättigtes Fett: 1g ~ Cholesterin: 0mg ~ Ballaststoffe: 2g ~ Zucker: 3g

66. Käsige Knoblauchbrotstangen

Einfache, selbstgemachte Brotstangen, bestrichen mit Knoblauchbutter und belegt mit geschmolzenem Käse, ideal als Beilage oder zum Dippen.

Zubereitungszeit: 15 Minuten | Kochzeit: 15 Minuten | Portionen: 12 Stangen
Zutaten:
- 450 g Pizzateig (fertig gekauft oder selbst gemacht)
- 4 Esslöffel ungesalzene Butter, geschmolzen
- 3 Knoblauchzehen, gehackt
- 1/4 Teelöffel Salz
- 1/4 Teelöffel getrockneter Oregano
- 1/4 Teelöffel getrocknetes Basilikum
- 1/4 Teelöffel getrocknete Petersilie
- 1 Tasse zerkleinerter Mozzarella
- 1/4 Tasse geriebener Parmesan

Anweisungen:

1. Backofen vorbereiten: Den Backofen auf 200°C vorheizen und ein Backblech mit Pergamentpapier auslegen oder leicht mit Kochspray einfetten.
2. Teig vorbereiten: Den Pizzateig auf einer leicht bemehlten Arbeitsfläche zu einem Rechteck von etwa 0,5 cm Dicke ausrollen.
3. Knoblauchbutter herstellen: Geschmolzene Butter, gehackten Knoblauch, Salz, Oregano, Basilikum und Petersilie in einer kleinen Schüssel vermischen, bis alles gut kombiniert ist.
4. Breadsticks formen: Die Knoblauchbuttermischung gleichmäßig auf dem ausgerollten Teig verteilen. Mozzarella gleichmäßig darauf streuen, dabei einen kleinen Rand frei lassen, und leicht andrücken.
5. Teig aufrollen und schneiden: Den Teig der Länge nach straff aufrollen. Die Rolle mit einem scharfen Messer in 12 gleich große Stücke schneiden.
6. Backen: Die Teigstücke mit etwas Abstand auf das vorbereitete Backblech legen. Im vorgeheizten Ofen 12-15 Minuten backen, bis die Brotstangen goldbraun und der Käse geschmolzen und leicht gebräunt ist.
7. Servieren: Die Brotstangen aus dem Ofen nehmen, mit geriebenem Parmesan bestreuen und warm servieren.

Nährwertangaben: Kalorien: 160 kcal ~ Eiweiß: 5g ~ Kohlenhydrate: 20g ~ Fett: 6g ~ Gesättigtes Fett: 3g ~ Cholesterin: 15mg ~ Ballaststoffe: 1g ~ Zucker: 1g

67. Gewürzmaiskolben mit Korianderbutter

Gegrillte Maiskolben, bestrichen mit aromatischer Korianderbutter und einer Auswahl an Gewürzen, bieten eine rauchig-würzige Beilage.

Zubereitungszeit: 10 Minuten | Kochzeit: 15 Minuten | Portionen: 4
Zutaten:

- 4 Maiskolben, Husks entfernt
- 2 Esslöffel ungesalzene Butter, weich
- 2 Esslöffel frischer Koriander, fein gehackt
- 1/2 Teelöffel gemahlener Kreuzkümmel
- 1/4 Teelöffel Chilipulver
- 1/4 Teelöffel Knoblauchpulver
- Salz und frisch gemahlener Pfeffer, nach Geschmack
- Limettenspalten, zum Servieren (optional)

Anweisungen:

1. Grill vorheizen: Den Grill auf mittlere bis hohe Hitze vorbereiten.
2. Korianderbutter zubereiten: In einer kleinen Schüssel die weiche Butter, gehackten Koriander, Kreuzkümmel, Chilipulver, Knoblauchpulver, Salz und Pfeffer gründlich vermengen, bis eine gleichmäßige Mischung entsteht.
3. Maiskolben vorbereiten: Die Maiskolben rundherum großzügig mit der Korianderbutter bestreichen.
4. Mais grillen: Die Maiskolben direkt auf den Grill legen und 10-15 Minuten grillen, dabei mehrmals wenden, bis sie an einigen Stellen leicht verkohlt und durchgehend zart sind.
5. Anrichten und servieren: Die gegrillten Maiskolben auf eine Servierplatte legen und optional mit Limettenspalten servieren. Für einen zusätzlichen Geschmackskick vor dem Servieren mit Limettensaft beträufeln.

Nährwertangaben: Kalorien: 120 kcal ~ Eiweiß: 3g ~ Kohlenhydrate: 20g ~ Fett: 5g ~ Gesättigtes Fett: 3g ~ Cholesterin: 10 mg ~ Ballaststoffe: 2g ~ Zucker: 6g

Kapitel 6: Der Gesellschaftskoch - Unterhalten leicht gemacht
Fingerfood-Favoriten: Snacks und Vorspeisen, die Sie zum Gesprächsthema der Party machen.

Jedes dieser Rezepte ist so konzipiert, dass der Zeitaufwand in der Küche minimiert und der Geschmack maximiert wird, so dass Sie der unbestrittene Held jeder Veranstaltung sind. Ganz gleich, ob Sie eine Spieltagsparty oder ein zwangloses Beisammensein veranstalten, diese Fingerfood-Favoriten werden Ihre Gäste mit ihrer Einfachheit und ihrem unwiderstehlichen Geschmack beeindrucken.

68. Knusprige Parmesan-Kartoffel-Stapel

Überbackene, dünn geschnittene Kartoffeln mit Parmesankäse und Kräutern, die goldgelb und knusprig sind.

Zubereitungszeit: 15 Minuten | Kochzeit: 35 Minuten | Portionen: 4

Zutaten:
- 4 mittelgroße Kartoffeln, geschält und in dünne Scheiben geschnitten
- 2 Esslöffel Olivenöl
- 1/2 Tasse geriebener Parmesankäse
- 1 Teelöffel Knoblauchpulver
- 1 Teelöffel getrockneter Thymian
- Salz und frisch gemahlener Pfeffer, nach Geschmack
- Kochspray

Anweisungen:
1. Backofen vorheizen: Den Backofen auf 190°C (375°F) vorheizen. Eine Muffinform mit Kochspray leicht einfetten.
2. Kartoffeln vorbereiten: Die Kartoffelscheiben in einer großen Schüssel mit Olivenöl vermengen, bis alle Scheiben gleichmäßig bedeckt sind. Mit Knoblauchpulver, Thymian, Salz und Pfeffer würzen und umrühren, um eine gleichmäßige Verteilung der Gewürze zu gewährleisten.
3. Kartoffelstapel formen: Die gewürzten Kartoffelscheiben senkrecht in die Muffinform-Fächer stapeln und fest andrücken, um kompakte Stapel zu bilden. Wiederholen Sie dies für alle Kartoffelscheiben.
4. Backen: Den geriebenen Parmesankäse gleichmäßig über die Kartoffelstapel streuen und leicht andrücken. Die Form in den Ofen schieben und 30-35 Minuten backen, bis die Kartoffeln goldbraun und knusprig sind.
5. Servieren: Die Kartoffelstapel aus dem Ofen nehmen und kurz in der Form abkühlen lassen. Vorsichtig auf eine Servierplatte heben und heiß servieren.

Nährwertangaben: Kalorien: 220 kcal ~ Eiweiß: 5g ~ Kohlenhydrate: 25g ~ Fett: 11g ~ Gesättigtes Fett: 3g ~ Cholesterin: 10mg ~ Ballaststoffe: 3g ~ Zucker: 1g

69 Buffalo-Hühnchen-Häppchen

Hähnchenstücke in mundgerechter Größe, umhüllt von scharfer Büffelsoße und gebacken, dazu Blauschimmelkäsesoße als Dip.

Zubereitungszeit: 15 Minuten | Kochzeit: 20 Minuten | Portionen: 4

Zutaten:
- 2 Hähnchenbrüste ohne Knochen und Haut, gekocht und zerkleinert
- 1/2 Tasse Büffelsoße
- 1/4 Tasse geschmolzene Butter
- 1 Tasse zerkleinerter Cheddar-Käse
- 1/4 Tasse gehackte grüne Zwiebeln
- 1/4 Tasse gehackter Staudensellerie
- 1/4 Tasse Ranch-Dressing
- Salz und Pfeffer, nach Geschmack
- Kochspray

Anweisungen:
1. Backofen vorheizen: Den Backofen auf 190°C (375°F) vorheizen. Eine Mini-Muffinform mit Kochspray leicht einfetten.
2. Hähnchen zubereiten: In einer Schüssel das zerkleinerte Hähnchen mit Büffelsoße und geschmolzener Butter vermengen. Umrühren, bis das Hähnchen gleichmäßig mit der Sauce bedeckt ist.
3. Bites formen: Einen Löffel der Hähnchenmischung in jedes Fach der Mini-Muffinform geben und fest andrücken.
4. Käse und Gemüse hinzufügen: Den Cheddar-Käse, die gehackten Frühlingszwiebeln und den Sellerie gleichmäßig auf den Hähnchenmischungen verteilen. Mit Salz und Pfeffer abschmecken.
5. Backen: Die Form in den Ofen schieben und 15-20 Minuten backen, bis der Käse geschmolzen und die Oberfläche goldbraun ist.
6. Servieren: Die gebackenen Bites einige Minuten abkühlen lassen, dann vorsichtig aus der Form lösen. Warm servieren, garniert mit einem Klecks Ranch-Dressing.

Nährwertangaben: Kalorien: 280 kcal ~ Eiweiß: 20g ~ Kohlenhydrate: 3g ~ Fett: 20g ~ Gesättigtes Fett: 10g ~ Cholesterin: 80mg ~ Ballaststoffe: 1g ~ Zucker: 1g

70. Knoblauch-Kräuterbrot zum Auseinanderziehen

Ein weiches, fluffiges Brot gefüllt mit Knoblauch, Kräutern und geschmolzenem Käse, perfekt zum Teilen.

Zubereitungszeit: 15 Minuten | Kochzeit: 25 Minuten | Portionen: 6

Zutaten:
- 1 Laib Baguette
- 120 ml (1/2 Tasse) ungesalzene Butter, geschmolzen
- 4 Knoblauchzehen, gehackt
- 2 Esslöffel frische Petersilie, fein gehackt
- 1 Esslöffel frische Thymianblätter
- 1/2 Teelöffel Salz
- 1/4 Teelöffel frisch gemahlener schwarzer Pfeffer
- 100 g (1 Tasse) geriebener Mozzarella-Käse
- 2 Esslöffel geriebener Parmesankäse

Anweisungen:
1. Backofen vorheizen: Den Ofen auf 190°C (375°F) vorheizen und ein Backblech mit Pergamentpapier auslegen.
2. Brot vorbereiten: Das Baguette mit einem Säge- oder Wellenschliffmesser diagonal in etwa 1 cm Abstand einschneiden, dabei die untere Kruste nicht durchschneiden.
3. Knoblauch-Kräuter-Butter herstellen: Geschmolzene Butter mit gehacktem Knoblauch, Petersilie, Thymian, Salz und Pfeffer in einer kleinen Schüssel gut vermischen.
4. Brot bestreichen: Die Knoblauch-Kräuter-Butter mit einem Pinsel oder Löffel in die Schnitte und über die Oberfläche des Baguettes verteilen.
5. Käse einfüllen: Mozzarella-Käse tief in die Schnitte einbringen und auf dem Brot verteilen. Parmesankäse darüberstreuen.
6. Backen: Das Brot auf das vorbereitete Backblech legen und mit Alufolie locker abdecken. Für 15 Minuten backen.
7. Fertig backen: Folie entfernen und weitere 10 Minuten backen, bis der Käse geschmolzen und leicht gebräunt ist und das Brot knusprig wird.
8. Servieren: Das Brot aus dem Ofen nehmen, einige Minuten abkühlen lassen, dann entlang der vorgeschnittenen Linien vollständig durchschneiden und warm servieren.

Nährwertangaben: Kalorien: 320 kcal ~ Eiweiß: 8g ~ Kohlenhydrate: 25g ~ Fett: 20g ~ Gesättigtes Fett: 12g ~ Cholesterin: 50mg ~ Ballaststoffe: 2g ~ Zucker: 2g

71. Mit Speck umwickelte Jalapeño-Poppers

Gefüllte Jalapeños mit Frischkäse und Cheddar, umwickelt mit Speck und knusprig gebacken – ein perfekter Party-Snack.

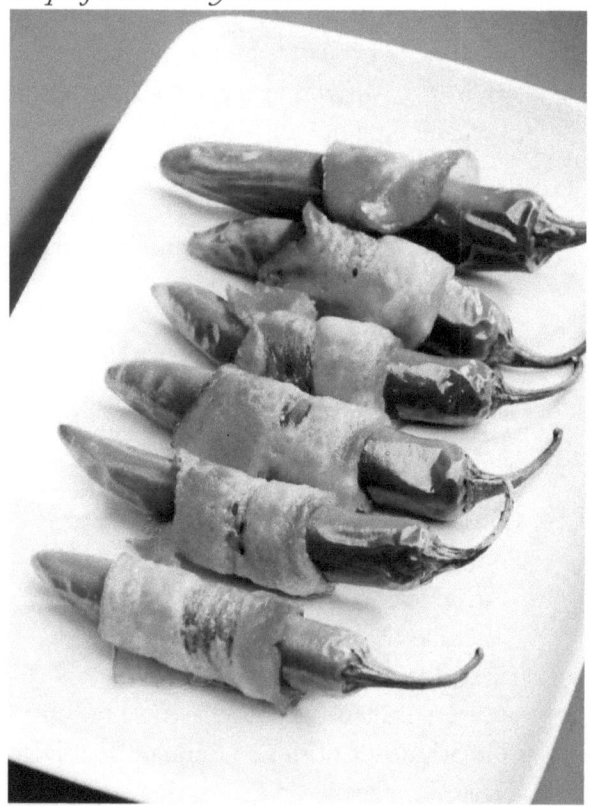

Zubereitungszeit: 20 Minuten | Kochzeit: 20 Minuten | Portionen: 12 Poppers
Zutaten:
- 6 große Jalapeño-Paprikaschoten, halbiert und entkernt
- 6 Scheiben Speck, halbiert
- 115 g Frischkäse, weich
- 60 g Cheddar-Käse, fein gerieben
- 1/2 Teelöffel Knoblauchpulver
- 1/4 Teelöffel geräuchertes Paprikapulver
- Salz und frisch gemahlener schwarzer Pfeffer, nach Geschmack
- Zahnstocher
-

Anweisungen:
1. Backofen vorheizen: Den Ofen auf 200°C (400°F) vorheizen. Ein Backblech mit Pergamentpapier auslegen.
2. Jalapeños vorbereiten: Die Jalapeños längs halbieren und die Kerne sowie Membranen vorsichtig entfernen. Tragen Sie Handschuhe, um Hautreizungen zu vermeiden.
3. Füllung herstellen: Frischkäse, Cheddar, Knoblauchpulver, geräuchertes Paprikapulver, Salz und Pfeffer in einer Schüssel gründlich vermengen.
4. Jalapeños füllen: Die Käsemischung gleichmäßig auf die Jalapeño-Hälften verteilen.
5. Mit Speck umwickeln: Jede gefüllte Jalapeño-Hälfte mit einer halben Speckscheibe umwickeln und mit einem Zahnstocher sichern.
6. Poppers backen: Die Jalapeño-Poppers auf das vorbereitete Backblech setzen, sodass sie nicht berühren. Im vorgeheizten Ofen 18-20 Minuten backen, bis der Speck knusprig und die Poppers heiß sind.
7. Servieren: Die Poppers aus dem Ofen nehmen, kurz abkühlen lassen und warm servieren.

Nährwertangaben: Kalorien: 120 kcal ~ Eiweiß: 5g ~ Kohlenhydrate: 2g ~ Fett: 10g ~ Gesättigtes Fett: 5g ~ Cholesterin: 25mg ~ Ballaststoffe: 1g ~ Zucker: 1g

72. Mini-Fleischbällchen-Sub-Spieße

Hausgemachte Fleischbällchen, serviert auf Mini-Brötchen mit Marinara-Sauce und Mozzarella - ideal für Partys.

Zubereitungszeit: 20 Minuten | Kochzeit: 15 Minuten | Portionen: 12 Spieße
Zutaten:
- 12 Holzspieße
- 24 Mini-Frikadellen (fertig gekauft oder selbst gemacht)

- 240 ml Marinara-Sauce
- 100 g geriebener Mozzarella-Käse
- 12 kleine Brötchen (Slider Buns)
- 30 ml geschmolzene Butter
- 1 Teelöffel Knoblauchpulver
- 1 Esslöffel frisch gehackte Petersilie (optional)
- Salz und frisch gemahlener schwarzer Pfeffer, nach Geschmack

Anweisungen:
1. Backofen vorheizen: Den Ofen auf 190°C vorheizen. Ein Backblech mit Backpapier auslegen.
2. Spieße vorbereiten: Holzspieße 10 Minuten in Wasser einweichen, damit sie im Ofen nicht verbrennen. Anschließend zwei Mini-Fleischbällchen auf jeden Spieß stecken, mit etwas Abstand dazwischen.
3. Frikadellen backen: Die belegten Spieße auf das Backblech legen und 12-15 Minuten backen, bis die Fleischbällchen durchgegart und außen leicht gebräunt sind.
4. Marinara-Soße erwärmen: Die Marinara-Sauce in einem kleinen Topf bei mittlerer Hitze erhitzen, bis sie heiß ist. Mit Salz und Pfeffer abschmecken.
5. Brötchen vorbereiten: Brötchen waagerecht halbieren, dabei das obere und untere Teil nicht ganz durchtrennen.
6. Spieße zusammenbauen: Gebackene Fleischbällchen vom Spieß nehmen und auf die untere Hälfte jedes Brötchens legen. Einen Löffel Marinara-Sauce und eine Portion Mozzarella daraufgeben.
7. Überbacken: Die Brötchen auf das Backblech setzen und kurz unter dem Grill überbacken, bis der Käse schmilzt.
8. Mit Knoblauchbutter bestreichen: Geschmolzene Butter mit Knoblauchpulver mischen und die Brötchen damit bepinseln. Optional mit frischer Petersilie bestreuen.
9. Servieren: Brötchen schließen, jeweils mit einem Spieß sichern und warm servieren.

Nährwertangaben: Kalorien: 220 kcal ~ Eiweiß: 12g ~ Kohlenhydrate: 18g ~ Fett: 10g ~ Gesättigtes Fett: 4g ~ Cholesterin: 30mg ~ Ballaststoffe: 1g ~ Zucker: 2g

73. Käsiger Spinat-Artischocken-Dip

Ein cremiger und unwiderstehlicher Dip aus Spinat und Artischocken, reich an Käse, ideal zum Servieren mit Tortilla-Chips oder frischem Brot.

Zubereitungszeit: 15 Minuten | Kochzeit: 25 Minuten | Portionen: 8

Zutaten:
- 1 Packung (ca. 285 g) tiefgefrorener Spinat, aufgetaut und gründlich abgetropft
- 1 Dose (ca. 400 g) Artischockenherzen, abgetropft und gehackt
- 100 g geriebener Mozzarella-Käse
- 100 g geriebener Parmesan-Käse
- 240 ml saure Sahne
- 120 ml Mayonnaise
- 60 g Frischkäse, weich
- 2 Knoblauchzehen, gehackt
- 1 TL Zwiebelpulver
- 1/2 TL rote Chiliflocken (optional)
- Salz und frisch gemahlener schwarzer Pfeffer, nach Geschmack
- Tortilla-Chips, Cracker oder Brotscheiben zum Servieren

Anweisungen:
1. Backofen vorheizen: Den Backofen auf 190°C vorheizen. Eine mittelgroße Auflaufform einfetten.
2. Zutaten vermengen: In einer großen Schüssel den aufgetauten und gut abgetropften Spinat, die gehackten Artischockenherzen, den Mozzarella, Parmesan, saure Sahne, Mayonnaise, Frischkäse, Knoblauch, Zwiebelpulver und rote Chiliflocken gut vermischen. Mit Salz und Pfeffer abschmecken.
3. In die Auflaufform geben: Die Spinat-Artischocken-Mischung in die

vorbereitete Form geben und gleichmäßig verteilen.
4. Backen: Die Auflaufform in den Ofen geben und 20-25 Minuten backen, bis der Dip heiß und an der Oberfläche leicht gebräunt ist.
5. Servieren: Den Dip aus dem Ofen nehmen und kurz abkühlen lassen. Warm mit Tortilla-Chips, Crackern oder frisch geschnittenem Brot servieren.

Nährwertangaben: Kalorien: 280 kcal ~ Eiweiß: 10g ~ Kohlenhydrate: 7g ~ Fett: 24g ~ Gesättigtes Fett: 9g ~ Cholesterin: 45mg ~ Ballaststoffe: 3g ~ Zucker: 2g

74. Einfache Caprese-Spieße

Elegante Vorspeise aus Kirschtomaten, frischem Basilikum und Mozzarellakugeln, verfeinert mit Balsamico-Glasur.

Zubereitungszeit: 15 Minuten | Portionen: 8
Zutaten:
- 16 Kirschtomaten
- 16 frische Mozzarella-Kugeln (Bocconcini)
- 16 frische Basilikumblätter
- Balsamico-Glasur zum Beträufeln
- Salz und frisch gemahlener schwarzer Pfeffer, nach Geschmack
- 16 Holzspieße

Anweisungen:
1. Zutaten vorbereiten: Kirschtomaten und Basilikumblätter waschen und trocknen. Mozzarellakugeln abtropfen lassen.
2. Spieße zusammenstellen: Auf jeden Spieß abwechselnd eine Kirschtomate, eine Mozzarellakugel und ein Basilikumblatt stecken. Vorgang wiederholen, bis alle Zutaten verbraucht sind.
3. Würzen: Die fertigen Spieße mit Salz und schwarzem Pfeffer leicht würzen.
4. Mit Balsamico-Glasur beträufeln: Unmittelbar vor dem Servieren die Spieße mit Balsamico-Glasur beträufeln, um den Geschmack zu intensivieren.
5. Servieren: Die Caprese-Spieße auf einer Platte anrichten und sofort servieren.

Nährwertangaben: Kalorien: 70 kcal ~ Eiweiß: 5g ~ Kohlenhydrate: 2g ~ Fett: 5g ~ Gesättigtes Fett: 3g ~ Cholesterin: 15mg ~ Ballaststoffe: 1g ~ Zucker: 1g

75. Knusprig gebackene Zwiebelringe

Zwiebelringe in knuspriger Panade, ideal gebacken, serviert mit einer scharfen Dip-Sauce.

Zubereitungszeit: 15 Minuten | Kochzeit: 20 Minuten | Portionen: 4
Zutaten:
- 2 große gelbe Zwiebeln
- 1 Tasse Allzweckmehl
- 1 Teelöffel Paprikapulver
- 1/2 Teelöffel Knoblauchpulver
- 1/2 Teelöffel Salz
- 1/4 Teelöffel schwarzer Pfeffer
- 2 große Eier
- 1 Tasse Semmelbrösel
- Kochspray oder Olivenöl

Anweisungen:
1. Ofen vorheizen: Den Ofen auf 220°C vorheizen. Ein Backblech mit Pergamentpapier auslegen.
2. Zwiebeln vorbereiten: Zwiebeln schälen und in 1/2 Zoll dicke Ringe schneiden. Innere kleine Ringe entfernen.
3. Beschichtungsstation einrichten: Drei flache Schüsseln vorbereiten. In die erste Schüssel das Mehl zusammen mit Paprikapulver, Knoblauchpulver, Salz und

Pfeffer geben. In die zweite Schüssel die Eier aufschlagen und verquirlen. In die dritte Schüssel die Semmelbrösel geben.

4. Zwiebelringe panieren: Jeden Zwiebelring zuerst im Mehl wenden, dann durch das verquirlte Ei ziehen, und zuletzt in den Semmelbröseln wälzen. Gut andrücken.
5. Auf dem Backblech anordnen: Die panierten Zwiebelringe in einer einzigen Schicht auf das Backblech legen, ohne dass sie sich überlappen.
6. Backen: Die Zwiebelringe mit Kochspray besprühen oder mit Olivenöl beträufeln. Im Ofen für 10 Minuten backen.
7. Wenden: Die Zwiebelringe vorsichtig umdrehen und weitere 10 Minuten backen, bis sie goldbraun und knusprig sind.
8. Servieren: Die Zwiebelringe aus dem Ofen nehmen, kurz abkühlen lassen und mit einer Dip-Sauce nach Wahl servieren.

Nährwertangaben: Kalorien: 250 kcal ~ Eiweiß: 8g ~ Kohlenhydrate: 40g ~ Fett: 6g ~ Gesättigtes Fett: 1g ~ Cholesterin: 93mg ~ Ballaststoffe: 3g ~ Zucker: 6g

76. Pulled Pork Slider

Langsam gegartes Pulled Pork, serviert auf Mini-Slider-Brötchen, garniert mit Krautsalat – ein perfekter Snack für jede Gelegenheit.

Zubereitungszeit: 15 Minuten | Kochzeit: 6 Stunden (im Slow Cooker) | Portionen: 6
Zutaten:

- 900 g Schweineschulter (oder Schweinenacken)
- 1 Teelöffel Salz
- 1 Teelöffel schwarzer Pfeffer
- 1 Teelöffel Knoblauchpulver
- 1 Teelöffel Paprikapulver
- 1/2 Teelöffel Kreuzkümmel
- 1/2 Teelöffel Chilipulver
- 120 ml Barbecue-Sauce
- 12 kleine Brötchen (Slider Buns)
- Krautsalat, zum Servieren (optional)

Anweisungen:

1. Schweinefleisch vorbereiten: Überschüssiges Fett von der Schweineschulter trimmen. Salz, schwarzer Pfeffer, Knoblauchpulver, Paprikapulver, Kreuzkümmel und Chilipulver in einer kleinen Schüssel zu einer Gewürzmischung vermengen. Die Schweineschulter rundum gründlich damit einreiben.
2. Slow Cooker ansetzen: Die gewürzte Schweineschulter in den Slow Cooker legen und gleichmäßig mit Barbecue-Sauce überziehen.
3. Garen: Den Deckel schließen und das Fleisch auf niedriger Stufe 6 Stunden garen, bis es sehr zart ist und sich leicht mit einer Gabel zerteilen lässt.
4. Pulled Pork zubereiten: Das gegarte Fleisch aus dem Slow Cooker nehmen und mit zwei Gabeln zerkleinern. Das zerkleinerte Fleisch zurück in den Slow Cooker geben und mit der verbliebenen Sauce vermischen.
5. Slider zusammenstellen: Die Brötchen aufschneiden und auf jede Brötchenunterseite eine großzügige Menge Pulled Pork geben. Optional mit Krautsalat garnieren, dann mit den Brötchenoberseiten abdecken.
6. Servieren: Die Pulled Pork Slider sofort servieren und genießen.

Nährwertangaben: Kalorien: 400 kcal ~ Eiweiß: 20g ~ Kohlenhydrate: 40g ~ Fett: 16g ~ Gesättigtes Fett: 6g ~ Cholesterin: 60mg ~ Ballaststoffe: 2g ~ Zucker: 10g

77. Süßer und pikanter Nussmix

Ein gerösteter Mix aus verschiedenen Nüssen, gewürzt mit einer süß-pikanten Gewürzmischung, ideal als Snack für zwischendurch.

Zubereitungszeit: 5 Minuten | Kochzeit: 15 Minuten | Portionen: 8
Zutaten:

- 2 Tassen gemischte Nüsse (zum Beispiel Mandeln, Cashews und Erdnüsse)
- 2 Esslöffel Honig
- 1 Esslöffel Olivenöl
- 1 Teelöffel Chilipulver
- 1/2 Teelöffel Paprikapulver
- 1/2 Teelöffel Knoblauchpulver
- 1/2 Teelöffel Salz
- 1/4 Teelöffel Cayennepfeffer (optional, für extra Schärfe)

Anweisungen:

1. Backofen vorheizen: Stellen Sie den Backofen auf 160°C (325°F). Ein Backblech mit Backpapier auslegen und beiseite stellen.
2. Nüsse vorbereiten: In einer großen Schüssel die Nüsse mit Honig und Olivenöl vermengen, bis alles gut bedeckt ist.
3. Würzen: Chilipulver, Paprikapulver, Knoblauchpulver, Salz und optional Cayennepfeffer in einer kleinen Schüssel vermischen. Über die Nüsse streuen und alles gut umrühren, damit die Gewürze gleichmäßig verteilt sind.
4. Backen: Die gewürzten Nüsse in einer einzigen Schicht auf das vorbereitete Backblech geben. Im vorgeheizten Ofen 12-15 Minuten rösten, bis die Nüsse goldbraun und aromatisch sind, dabei einmal umrühren, um gleichmäßiges Rösten zu gewährleisten.
5. Abkühlen lassen: Nehmen Sie die Nüsse aus dem Ofen und lassen Sie sie auf dem Blech vollständig abkühlen. Sie werden knuspriger, sobald sie abkühlen.
6. Servieren: Die abgekühlten Nüsse in eine Servierschale geben oder in Portionen aufteilen. Als nahrhafter Snack servieren.

Nährwertangaben: Kalorien: 200 kcal ~ Eiweiß: 6g ~ Kohlenhydrate: 10g ~ Fett: 16g ~ Gesättigtes Fett: 2g ~ Cholesterin: 0mg ~ Ballaststoffe: 3g ~ Zucker: 4g

Die zwanglose Dinnerparty: Stressfreie Planung für einen denkwürdigen Abend.

Eine ungezwungene Dinnerparty zu veranstalten, sollte für Sie ebenso angenehm sein wie für Ihre Gäste. Dieses Kapitel ist Ihr Leitfaden für einen unvergesslichen Abend mit gutem Essen, toller Gesellschaft und wenig Stress. Lassen Sie uns die Planung in überschaubare Schritte unterteilen, damit Ihre Dinnerparty ein Erfolg wird, ohne Sie übermäßig zu belasten.

Die Bühne bereiten: Die richtige Atmosphäre schaffen

Der erste Eindruck zählt. Legen Sie den Grundstein für den Abend mit einem sauberen, einladenden Raum. Ein paar gut platzierte Kerzen und eine Playlist mit Hintergrundmusik können Ihren Essbereich in einen gemütlichen Ort verwandeln. Denken Sie daran, dass es vor allem um Gemütlichkeit geht, und richten Sie die Sitzgelegenheiten so ein, dass Ihre Gäste miteinander ins Gespräch kommen und sich austauschen können.

Menüplanung leicht gemacht

Der Schlüssel zu einem gelungenen Menü für eine Dinnerparty liegt in der Ausgewogenheit - sowohl bei den Aromen Ihrer Gerichte als auch bei Ihrem Aufwand für die Zubereitung. Wählen Sie ein Thema oder eine Küche, an der Sie sich orientieren, und beachten Sie die folgende Struktur:

- Vorspeisen: Entscheiden Sie sich für leichte, teilbare Vorspeisen, die kein Besteck erfordern, wie Bruschetta oder gefüllte Pilze.
- Hauptgericht: Wählen Sie ein Hauptgericht, das sowohl beeindruckend als auch überschaubar ist. Denken Sie an Eintopfgerichte oder großformatige Gerichte, die in der Familie serviert werden können.

- Beilagen: Wählen Sie zwei Beilagen, die Ihr Hauptgericht ergänzen, z. B. einen Salat und ein gebratenes Gemüse.
- Nachspeise: Machen Sie einen süßen Abschluss mit einem Dessert, das Sie im Voraus zubereiten können, damit Sie den Abend genießen können.

Vorspeisen, die ohne Stress beeindrucken

Beginnen Sie mit Vorspeisen, die Sie im Voraus zubereiten können und die Sie nur in letzter Minute zusammenstellen müssen. Wie wäre es mit einer Wurstplatte mit verschiedenen Käsesorten, Fleisch, Nüssen und Früchten - sie ist nicht nur ein Publikumsmagnet, sondern sorgt auch für Gesprächsstoff.

Hauptgerichte: Das Herzstück der Party

Ihr Hauptgericht sollte der Star der Veranstaltung sein, ohne Sie an die Küche zu fesseln. Ein langsam gekochter Eintopf oder ein Abendessen aus der Pfanne bietet maximalen Geschmack bei minimalem Aufwand. Rezepte wie ein herzhaftes Beef Bourguignon oder ein gebratenes Hähnchen mit Gemüse ermöglichen es Ihnen, sich vor der Party vorzubereiten und während der Veranstaltung selbst zu kochen.

Beilagen, die glänzen

Ergänzen Sie Ihr Hauptgericht mit Beilagen, die Farbe und Struktur in das Essen bringen. Ein bunter gemischter Salat und Knoblauchbrot oder ein Quinoa-Pilaw können das Essenserlebnis abrunden, ohne dass die Kochaufgaben zu komplex werden.

Desserts für einen süßen Ausklang

Wählen Sie ein Dessert, das im Voraus zubereitet werden kann und leicht zu servieren ist. Optionen wie ein klassisches Tiramisu, Schokoladentrüffel oder ein Fruchtcrisp sind eine ausgezeichnete Wahl, die verschiedene Geschmäcker ansprechen und das Essen mit einem Hauch von Süße abrunden.

Mühelose Getränkekombinationen

Vereinfachen Sie Ihr Getränkeangebot, indem Sie einen Rot- und einen Weißwein auswählen, die gut zu Ihrem Menü passen. Alternativ können Sie auch einen Cocktail vorbereiten, der schon vor dem Eintreffen der Gäste zubereitet werden kann, und alkoholfreie Getränke wie Mineralwasser oder Eistee anbieten, damit jeder den ganzen Abend über etwas zu trinken hat.

Tipps und Tricks für Gastgeber

Erstellen Sie einen Zeitplan, in dem Sie festlegen, was Sie im Voraus vorbereiten und was Sie am Tag der Party kochen müssen. Zögern Sie nicht, die Hilfe der Gäste anzunehmen, sei es beim Eindecken des Tisches oder beim Einschenken von Getränken, damit die Atmosphäre entspannt und offen bleibt.

Der Morgen danach: Aufräumen und Reste

Planen Sie ein einfaches Aufräumen ein, indem Sie Geschirr verwenden, das direkt vom Ofen über den Tisch in den Kühlschrank wandern kann. Bewahren Sie Reste in durchsichtigen Behältern auf und genießen Sie die Früchte Ihrer Arbeit in den Tagen nach der Party.

Wenn Sie diese Richtlinien befolgen, veranstalten Sie nicht einfach nur eine Dinnerparty, sondern schaffen einen Abend, an dem die Erinnerungen mit Freunden und Familie im Mittelpunkt stehen, unterstrichen durch ein köstliches Essen, dessen Zubereitung nicht den ganzen Tag in Anspruch genommen hat. Auf Ihren Erfolg als Gastgeber mit den meisten Gästen, bei dem das Einzige, was noch zu tun bleibt, nachdem die Gäste gegangen sind, darin besteht, sich zurückzulehnen und auf einen gut gemachten Job anzustoßen.

Kochen für eine große Menge: Skalieren Sie Ihre Kochkünste für Menschenansammlungen, mit minimalem Stress.

Für eine große Menge zu kochen, mag wie eine Aufgabe für erfahrene Köche klingen, aber keine Angst! Dieses Kapitel soll den Prozess entmystifizieren und Ihnen Schritt für Schritt zeigen, wie Sie ein Festmahl zubereiten können, ohne ins Schwitzen zu geraten. Ganz gleich, ob es sich um ein Familientreffen, eine Party mit Freunden oder einen besonderen Anlass handelt, Sie lernen, wie Sie Ihre Kochkünste skalieren, die richtigen Gerichte auswählen und Ihre Zeit effizient einteilen. Und das alles mit Rezepten, die einfache, gängige Zutaten verwenden, die in jedem Supermarkt zu finden sind.

Der Spielplan

Beginnen Sie mit einem Plan: Bevor Sie irgendetwas anderes tun, setzen Sie sich hin und entwerfen Sie einen Plan. Für wie viele Personen wollen Sie kochen? Was ist der Anlass? Die Beantwortung dieser Fragen hilft Ihnen nicht nur dabei, zu entscheiden, was Sie kochen wollen, sondern auch wie viel.
Halten Sie es einfach: Wählen Sie Rezepte, die einfach sind und sich leicht vervielfältigen lassen. Gerichte, die in großen Mengen zubereitet werden können, wie Aufläufe oder Eintöpfe, sind hier Ihre besten Freunde. Im Voraus vorbereiten: Wählen Sie Rezepte, bei denen die Vorbereitungen im Voraus erledigt werden können. So ersparen Sie sich die Hektik in letzter Minute und können das Fest zusammen mit Ihren Gästen genießen.

Batch Cooking-Helden

Hier sind ein paar einfache, publikumswirksame Rezepte, die den oben genannten Grundsätzen entsprechen:

78. Pikanter Hühner-Taco-Auflauf

Der würzige Hähnchen-Taco-Auflauf ist das perfekte Gericht für große Zusammenkünfte und Partybuffets. Einfache Zutaten, reich an Geschmack und extrem einfach zuzubereiten - dieses Rezept lässt sich hervorragend im Voraus zubereiten und bietet eine köstliche Alternative zu klassischen Partygerichten.

Zubereitungszeit: 20 Minuten | Kochzeit: 30 Minuten | Kochzeit: 50 Minuten | Portionen: 8
Zutaten:
- 1 kg Hähnchenbrust, gewürfelt
- 2 Dosen (à 400 g) schwarze Bohnen, abgespült und abgetropft
- 2 Dosen (je 400 g) Mais, abgetropft
- 2 große Zwiebeln, gewürfelt
- 3 Knoblauchzehen, fein gehackt
- 2 Dosen (à 400 g) gehackte Tomaten
- 2 Päckchen Taco-Gewürzmischung
- 300 g geriebener Cheddar-Käse
- 200 g saure Sahne
- 300 g Tortilla-Chips, leicht zerkleinert
- Frische Korianderblätter zum Garnieren
- Olivenöl
- Salz und Pfeffer

Anweisungen:
1. Heizen Sie den Ofen auf 180°C vor. Eine große Auflaufform leicht einfetten.
2. Das Olivenöl in einer großen Bratpfanne erhitzen. Zwiebeln und Knoblauch hinzufügen und bei mittlerer Hitze anbraten, bis sie weich sind.
3. Die Hähnchenbrustwürfel hinzufügen und anbraten, bis sie von allen Seiten gebräunt sind.
4. Das Taco-Gewürz, die Bohnen, den Mais und die gehackten Tomaten hinzugeben. Mit Salz und Pfeffer würzen und etwa 5 Minuten köcheln lassen, bis das Fleisch durch ist.
5. Die Hälfte der Hähnchenmischung in die Auflaufform geben. Mit der Hälfte der Tortilla-Chips und dem Käse bestreuen. Die Schichten wiederholen.

6. Im vorgeheizten Backofen 20 Minuten backen, bis der Käse geschmolzen und leicht goldbraun ist.
7. Die Auflaufform aus dem Ofen nehmen, mit saurer Sahne und frischem Koriander garnieren.
8. Heiß servieren und genießen.

79. Überbackene Ziti mit drei Käsesorten

Ein herzhaftes Pasta-Gericht, reich an Käse und Aroma, ideal für jeden Anlass.

Zubereitungszeit: 15 Minuten | Kochzeit: 30 Minuten | Portionen: 6

Zutaten:
- 340 g Ziti-Nudeln
- 1 Esslöffel Olivenöl
- 1 Zwiebel, gewürfelt
- 2 Knoblauchzehen, gehackt
- 400 g zerdrückte Tomaten (aus der Dose)
- 1 Teelöffel getrockneter Oregano
- 1 Teelöffel getrocknetes Basilikum
- Salz und schwarzer Pfeffer, nach Geschmack
- 250 ml Ricotta-Käse
- 250 ml geriebener Mozzarella-Käse
- 125 ml geriebener Parmesankäse
- Frische Basilikumblätter, zum Garnieren (optional)

Anweisungen:
1. Ofen vorheizen: Stellen Sie den Ofen auf 190°C (375°F) ein. Eine 23x33 cm (9x13 Zoll) große Backform mit Olivenöl oder Kochspray leicht einfetten.
2. Nudeln kochen: Ziti-Nudeln gemäß der Packungsanleitung kochen, bis sie al dente sind. Anschließend abgießen und beiseite stellen.
3. Aromaten anbraten: In einer großen Pfanne das Olivenöl bei mittlerer Hitze erwärmen. Zwiebel und Knoblauch dazugeben und 3-4 Minuten sautieren, bis sie weich sind.
4. Tomaten und Kräuter zufügen: Zerkleinerte Tomaten, Oregano und Basilikum in die Pfanne geben. Mit Salz und Pfeffer abschmecken und alles 5 Minuten köcheln lassen, damit sich die Aromen entfalten.
5. Nudeln und Sauce vermischen: Die gekochten Ziti-Nudeln in einer großen Schüssel mit der Tomatensauce gut vermengen.
6. Käseschichten bilden: Die Hälfte der Nudelmischung in der vorbereiteten Backform verteilen. Mit Ricotta-Käse in Klecksen, der Hälfte des Mozzarella und Parmesan bestreuen. Wiederholen Sie diesen Schritt mit den verbleibenden Nudeln und Käse.
7. Backen: Die Form mit Alufolie abdecken und im Ofen für 20 Minuten backen. Anschließend die Folie entfernen und weitere 10 Minuten backen, bis der Käse geschmolzen und leicht gebräunt ist.
8. Servieren: Die Ziti aus dem Ofen nehmen und vor dem Servieren kurz abkühlen lassen. Optional mit frischen Basilikumblätter garnieren. Heiß servieren.

Ernährung der Massen

- Vergrößern: Wenn Sie für eine große Menge kochen, können Sie die Zutaten linear erhöhen, aber die Gewürze sollten dem Geschmack angepasst werden. Machen Sie immer eine Geschmacksprobe und passen Sie sie bei Bedarf an.
- Servieren: Berücksichtigen Sie die Servierlogistik. Ein Buffet ist oft die einfachste Art, eine große Menge zu verköstigen, so dass sich die Gäste selbst bedienen können.
- Vergessen Sie die Beilagen nicht: Beilagen wie Brötchen, ein großer Salat oder gebratenes Gemüse sind leicht zuzubereiten und können Lücken in der Mahlzeit ausfüllen.

Die Kunst des Timings
- Planen Sie es ein: Schreiben Sie auf, was im Voraus zubereitet werden kann und was am Tag selbst erledigt werden muss. Ein Zeitplan ist das beste Mittel, um Stress zu vermeiden.
- Holen Sie sich Hilfe: Scheuen Sie sich nicht, um Hilfe zu bitten. Das Kochen für ein großes Publikum kann ein Teamsport sein, und die Gäste genießen es oft, Teil des Prozesses zu sein.

Für eine große Gruppe zu kochen, muss keine entmutigende Aufgabe sein. Mit ein wenig Planung, einigen einfachen Rezepten und einer ruhigen Herangehensweise können Sie ein Fest veranstalten, das sowohl durch das Essen als auch durch die Gemeinschaft in Erinnerung bleibt. Denken Sie daran, dass es nicht nur darum geht, Ihre Gäste zu verköstigen, sondern auch darum, die Erfahrung zu genießen, Menschen bei einer von Ihnen zubereiteten Mahlzeit zusammenzubringen. Also, lassen Sie uns gemeinsam kochen und Ihre nächste Veranstaltung zu einem stressfreien Erfolg machen!

Kapitel 7: Desserts für den Sieg

Schnelle Lösungen für süße Gelüste: Einfache, sättigende Desserts in wenigen Minuten.

Diese Rezepte für schnelle Desserts stillen Ihren süßen Hunger, ohne dass Sie stundenlang in der Küche stehen oder komplizierte Zutaten benötigen. Ganz gleich, ob Sie eine Mahlzeit mit etwas Süßem abschließen oder sich mittags einen kleinen Muntermacher gönnen, diese Desserts sind mit minimalem Aufwand ein echter Hit.

80. 5-Minuten-Schokoladen-Tassenkuchen

Ein schneller, reichhaltiger Schokoladenkuchen aus der Mikrowelle, ideal für spontane Gelüste.

Zubereitungszeit: 3 Minuten | Kochzeit: 2 Minuten | Portionen: 1

Zutaten:
- 4 Esslöffel Allzweckmehl
- 2 Esslöffel Kristallzucker
- 2 Esslöffel ungesüßtes Kakaopulver
- 1/4 Teelöffel Backpulver
- 60 ml Milch
- 2 Esslöffel Pflanzenöl
- 1/4 Teelöffel Vanilleextrakt
- Eine Prise Salz
- 2 Esslöffel Schokoladenstückchen (optional)
- Schlagsahne oder Eiscreme zum Servieren (optional)

Anweisungen:
1. Trockene Zutaten mischen: In einem mikrowellengeeigneten Becher das Mehl, Zucker, Kakaopulver, Backpulver und Salz gut verrühren, bis alles gleichmäßig vermischt ist.
2. Feuchte Zutaten hinzufügen: Milch, Pflanzenöl und Vanilleextrakt zum Becher hinzufügen und gründlich umrühren, bis der Teig glatt und klumpenfrei ist.
3. Schokoladenchips einrühren (optional): Schokoladenstückchen einrühren, falls verwendet, um den Schokoladengeschmack zu verstärken.
4. Backen in der Mikrowelle: Den Becher in die Mikrowelle stellen und bei höchster Stufe 1-2 Minuten backen, bis der Kuchen aufgegangen und fest ist. Starten Sie mit 1 Minute und verlängern Sie die Zeit je nach Bedarf und Leistung Ihrer Mikrowelle.
5. Servieren: Den Kuchen vorsichtig aus der Mikrowelle nehmen (Achtung, heiß!) und kurz abkühlen lassen. Optional mit Schlagsahne oder Eiscreme garnieren.
6. Genießen: Mit einem Löffel den warmen, klebrigen Schokoladenkuchen direkt aus der Tasse genießen.

Nährwertangaben: Kalorien: 450 kcal ~ Eiweiß: 6g ~ Kohlenhydrate: 57g ~ Fett: 23g ~ Gesättigtes Fett: 6g ~ Cholesterin: 5mg ~ Ballaststoffe: 5g ~ Zucker: 30g

81. Ungebackene Erdnussbutterbällchen

Schnelle und einfache Snackbällchen aus Erdnussbutter und Haferflocken, die ohne Backen zubereitet werden.

Zubereitungszeit: 15 Minuten | Portionen: Etwa 20 Kugeln | Kochzeit: Keine

Zutaten:
- 1 Tasse cremige Erdnussbutter
- 1/4 Tasse Honig
- 1 Tasse altmodische Haferflocken
- 1/2 Tasse Kokosnussraspeln
- 1/4 Tasse Mini-Schokoladenstückchen
- 1 Teelöffel Vanilleextrakt
- Eine Prise Salz

Anweisungen:
1. Zutaten mischen: In einer großen Schüssel die Erdnussbutter, Honig, Haferflocken, Kokosraspeln, Schokoladenstückchen, Vanilleextrakt und Salz gut verrühren, bis eine gleichmäßige Masse entsteht.
2. Mischung kühlen: Die Schüssel für etwa 10-15 Minuten in den Kühlschrank stellen, damit die Masse fester wird und sich leichter verarbeiten lässt.
3. Bälle formen: Die gekühlte Masse aus dem Kühlschrank nehmen. Kleine Mengen der Mischung abnehmen und mit den Händen zu Kugeln von etwa 2,5 cm Durchmesser rollen. Bei Bedarf in zusätzlichen Kokosraspeln, gehackten Nüssen oder Kakaopulver wälzen.
4. Erneut kühlen (optional): Für eine festere Konsistenz die geformten Bällchen erneut für 30 Minuten bis eine Stunde in den Kühlschrank stellen.
5. Servieren: Die Erdnussbutterbällchen entweder sofort genießen oder in einem luftdichten Behälter im Kühlschrank aufbewahren und innerhalb einer Woche verzehren.

Nährwertangaben: Kalorien: 120 kcal pro Kugel ~ Eiweiß: 3g ~ Kohlenhydrate: 9g ~ Fett: 8g ~ Gesättigtes Fett: 2g ~ Cholesterin: 0mg ~ Ballaststoffe: 1g ~ Zucker: 5g

82. Bananen-Eiscreme Blitz

Schnelle und cremige Eiscreme aus gefrorenen Bananen, verfeinert mit Erdnussbutter und Kakaopulver.

Zubereitungszeit: 5 Minuten | Portionen: 2

Zutaten:
- 2 reife Bananen, geschält und in Scheiben geschnitten
- 2 Esslöffel cremige Erdnussbutter
- 2 Esslöffel Kakaopulver (ungesüßt)
- 1 Esslöffel Honig (optional)
- 1/4 Teelöffel Vanilleextrakt
- Eine Prise Salz
- Optional für den Belag: gehackte Nüsse, Schokoladenstückchen, Kokosraspeln

Anweisungen:
1. Bananen einfrieren: Die Bananenscheiben auf einem mit Backpapier belegten Backblech in einer Schicht verteilen. Für mindestens 2 Stunden oder bis zur vollständigen Festigkeit einfrieren.
2. Zutaten mischen: Die gefrorenen Bananen zusammen mit Erdnussbutter, Kakaopulver, Honig (wenn verwendet), Vanilleextrakt und einer Prise Salz in einen leistungsstarken Mixer oder eine Küchenmaschine geben.
3. Pürieren: Auf höchster Stufe pürieren, bis die Mischung glatt und cremig ist. Bei Bedarf die Seiten des Mixbehälters

abstreifen, damit alles gleichmäßig gemixt wird.

4. Anrichten: Das Bananeneis in Schüsseln füllen und nach Wunsch mit Nüssen, Schokoladenstückchen oder Kokosraspeln bestreuen.
5. Servieren: Sofort genießen oder für eine festere Konsistenz kurz im Gefrierfach nachfrieren.

Nährwertangaben: Kalorien: Ca. 180 kcal pro Portion ~ Eiweiß: 3g ~ Kohlenhydrate: 30g ~ Fett: 8g ~ Gesättigtes Fett: 2g ~ Cholesterin: 0mg ~ Ballaststoffe: 4g ~ Zucker: 15g

83. Instant-Käsekuchen-Parfaits

Schnelle und elegante Schichtdesserts mit Käsekuchenfüllung, zerkrümelten Keksen und frischen Beeren.

Zubereitungszeit: 10 Minuten | Portionen: 4
Zutaten:
- 1 Tasse Keksbrösel (Graham-Cracker oder eine ähnliche Sorte)
- 2 Esslöffel ungesalzene Butter, geschmolzen
- 1 Packung (225 g) Frischkäse, weich gemacht
- 1/4 Tasse Kristallzucker
- 1 Teelöffel Vanilleextrakt
- 1 Becher Schlagsahne oder fertiges Schlagsahne-Topping
- Frische Beeren oder Früchte nach Wahl zum Garnieren

Anweisungen:
1. Keksbrösel vorbereiten: In einer kleinen Schüssel die Keksbrösel mit der geschmolzenen Butter vermischen, bis alles gut verbunden ist.
2. Käsekuchenfüllung zubereiten: In einer anderen Schüssel den weichen Frischkäse mit dem Kristallzucker und dem Vanilleextrakt glatt und cremig rühren.
3. Parfaits schichten: In Serviergläsern oder Einmachgläsern eine Schicht Keksbrösel, gefolgt von einer Schicht Käsekuchenfüllung und einer Schicht Schlagsahne schichten. Die Schichten wiederholen, bis die Gläser gefüllt sind, und mit Schlagsahne abschließen.
4. Kühlen: Die Parfaits mindestens 30 Minuten lang im Kühlschrank kühlen.
5. Garnieren und servieren: Die Parfaits vor dem Servieren mit frischen Beeren oder nach Wahl mit anderen Früchten garnieren.
6. Genießen: Gekühlt servieren und die köstlichen Käsekuchen-Parfaits genießen.

Nährwertangaben: Kalorien: Ca. 320 kcal pro Portion ~ Eiweiß: 4g ~ Kohlenhydrate: 26g ~ Fett: 23g ~ Gesättigtes Fett: 13g ~ Cholesterin: 65mg ~ Ballaststoffe: 1g ~ Zucker: 18g

84. Mit Schokolade überzogene Fruchthörnchen

Tauchen Sie Ihre Lieblingsfrüchte in geschmolzene Schokolade und servieren Sie sie in Waffelhörnchen – ein lustiger und fruchtiger Genuss.

Zubereitungszeit: 15 Minuten | Kühlzeit: 5 Minuten Portionen: 6
Zutaten:
- 6 Waffelhörnchen
- Verschiedene Früchte (z. B. Erdbeeren, Bananen, Kiwi, Ananas), gewaschen und in Scheiben geschnitten
- 1 Tasse halbsüße Schokoladenstückchen
- 2 Esslöffel Kokosnussöl
- Belag Ihrer Wahl (optional): gehackte Nüsse, Kokosraspeln, Streusel

Anweisungen:
1. Früchte vorbereiten: Die Früchte gründlich waschen, in mundgerechte Stücke schneiden und bei Bedarf mit Küchenpapier trocken tupfen.
2. Schokolade schmelzen: In einer mikrowellengeeigneten Schüssel die Schokoladenstückchen und das Kokosnussöl vermischen. In der Mikrowelle in 30-Sekunden-Intervallen erhitzen, zwischendurch umrühren, bis

die Schokolade vollständig geschmolzen und glatt ist. Alternativ können Sie die Schokolade und das Kokosnussöl in einem Wasserbad auf dem Herd schmelzen.

3. Hörnchen eintauchen: Tauchen Sie die Spitze jedes Waffelhörnchens in die geschmolzene Schokolade, sodass der Rand gleichmäßig bedeckt ist. Überschüssige Schokolade abtropfen lassen.
4. Hörnchen verzieren: Solange die Schokolade noch feucht ist, den gewünschten Belag auf die mit Schokolade überzogenen Ränder der Hörnchen streuen. Sie können gehackte Nüsse, Kokosraspeln oder Streusel für zusätzliche Textur und Geschmack verwenden.
5. Hörnchen füllen: Die in Schokolade getauchten Hörnchen aufrecht in ein Glas oder einen Halter stellen, damit sie stabil bleiben. Jedes Hörnchen mit einer Auswahl an geschnittenen Früchten füllen.
6. Kühlen und servieren: Die gefüllten Hörnchen etwa 10-15 Minuten in den Kühlschrank stellen, damit die Schokolade fest wird.
7. Genießen: Die Schokoladen-Fruchthörnchen aus dem Kühlschrank nehmen und sofort servieren.

Nährwertangaben: Kalorien: Ca. 200 kcal pro Portion ~ Eiweiß: 2g ~ Kohlenhydrate: 25g ~ Fett: 11g ~ Gesättigtes Fett: 7g ~ Cholesterin: 0mg ~ Ballaststoffe: 3g ~ Zucker: 17g

85. S'mores für die Mikrowelle

Erleben Sie den Lagerfeuer-Klassiker jetzt schnell und einfach in Ihrer Küche mit dieser Mikrowellenvariante der klebrigen S'mores.

Zubereitungszeit: 5 Minuten | Kochzeit: 1 Minuten | Portionen: 4

Zutaten:
- 8 Graham-Cracker-Quadrate (oder andere Vollkornkekse, falls nicht verfügbar)
- 4 große Marshmallows
- 2 Tafeln Vollmilchschokolade (je ca. 44 g), in 4 Stücke pro Tafel gebrochen

Anweisungen:
1. Zutaten vorbereiten: Brechen Sie die Graham-Cracker sorgfältig entlang vorgegebener Linien in zwei Hälften, um insgesamt 16 Quadrate zu erhalten. Jede Schokoladentafel an den Sollbruchstellen in 4 Stücke teilen, sodass Sie insgesamt 8 Stücke haben. Marshmallows bereithalten.
2. S'mores zusammenstellen: Legen Sie vier Graham-Cracker-Quadrate auf einen mikrowellengeeigneten Teller. Auf jedes Quadrat ein Stück Schokolade legen.

3. In der Mikrowelle zubereiten: Einen Marshmallow auf jedes Schokoladenstück setzen. Die S'mores für 15-20 Sekunden bei höchster Mikrowellenstufe erhitzen, bis die Marshmallows aufgehen und sich ausdehnen. Achten Sie darauf, dass sie nicht überhitzen und zerlaufen.
4. Fertigstellung: Nehmen Sie den Teller aus der Mikrowelle und legen Sie sofort ein weiteres Graham-Cracker-Quadrat auf jeden Marshmallow. Leicht andrücken, um die Schichten zu verbinden.
5. Servieren und genießen: Die S'mores sofort servieren, solange sie noch warm und klebrig sind. Vorsicht, Marshmallows und Schokolade können sehr heiß sein. Genießen Sie dieses klassische Dessert bequem von zu Hause aus!

Nährwertangaben: Kalorien: Ungefähr 150 kcal pro Portion ~ Eiweiß: 1g ~ Kohlenhydrate: 26g ~ Fett: 5g ~ Gesättigtes Fett: 3g ~ Cholesterin: 0mg ~ Ballaststoffe: 1g ~ Zucker: 14g

86 Schneller Apfel-Knusperkuchen

Genießen Sie gebratene Äpfel mit knusprigen Haferstreuseln, schnell zubereitet im Ofen und serviert mit einem Klecks Eiscreme.

Zubereitungszeit: 15 Minuten | Kochzeit: 30 Minuten | Portionen: 6
Zutaten:
- 4 Tassen geschälte, entkernte und in Scheiben geschnittene Äpfel (etwa 4-5 mittelgroße Äpfel)
- 100g Kristallzucker
- 1 TL gemahlener Zimt
- 1/4 TL gemahlene Muskatnuss
- 15 ml Zitronensaft
- 90g altmodische Haferflocken
- 65g Allzweckmehl
- 110g verpackter brauner Zucker
- 115g ungesalzene Butter, geschmolzen
- Vanilleeis oder Schlagsahne zum Servieren (optional)

Anweisungen:

1. Ofen vorheizen: Stellen Sie den Ofen auf 175°C (350°F) ein. Fetten Sie eine quadratische Backform (ca. 23x23 cm) mit Butter oder Antihaft-Kochspray.
2. Äpfel vorbereiten: In einer großen Schüssel die Apfelscheiben mit Kristallzucker, Zimt, Muskatnuss und Zitronensaft vermischen, sodass die Äpfel gleichmäßig bedeckt sind.
3. Knusprigen Belag zubereiten: In einer separaten Schüssel Haferflocken, Mehl, braunen Zucker und geschmolzene Butter zu einer krümeligen Mischung verarbeiten.
4. Crisp zusammensetzen: Schichten Sie die gewürzten Äpfel gleichmäßig in der vorbereiteten Form. Streuen Sie den krümeligen Belag über die Äpfel.
5. Backen: Setzen Sie die Form in den vorgeheizten Ofen und backen Sie sie 25-30 Minuten lang, bis der Belag goldbraun ist und die Äpfel bubbly und weich sind.
6. Servieren: Lassen Sie den Apfelkuchen einige Minuten abkühlen. Servieren Sie warm mit einer Kugel Vanilleeis oder einem Klecks Schlagsahne, falls gewünscht.
7. Genießen: Perfekt für ein schnelles Dessert oder als süßer Abschluss eines gelungenen Mahls.

Nährwertangaben: Kalorien: Ca. 320 kcal pro Portion ~ Eiweiß: 2g ~ Kohlenhydrate: 55g ~ Fett: 12g ~ Gesättigtes Fett: 7g ~ Cholesterin: 30mg ~ Ballaststoffe: 4g ~ Zucker: 37g

87. Einfacher Reispudding

Verwandeln Sie übrig gebliebenen Reis in ein köstliches Dessert, das mit Milch, Zucker und Zimt zu einer cremigen Süßspeise gekocht wird.

Zubereitungszeit: 5 Minuten | Kochzeit: 25 Minuten | Portionen: 4
Zutaten:
- 100g langkörniger weißer Reis
- 1 Liter Vollmilch

- 75g Kristallzucker
- 1 TL Vanilleextrakt
- 1/2 TL gemahlener Zimt
- Eine Prise Salz
- Optional für das Topping: Weitere Zimt, Rosinen, gehackte Nüsse oder frisches Obst

Anweisungen:
1. Reis vorbereiten: Den Reis unter fließendem kalten Wasser abspülen, bis das Wasser klar bleibt. Dies entfernt die überschüssige Stärke und verhindert, dass der Reis beim Kochen zu klebrig wird.
2. Zutaten mischen: In einem mittelgroßen Topf den gereinigten Reis, Vollmilch, Kristallzucker, Vanilleextrakt, Zimt und eine Prise Salz geben. Alles gut umrühren, damit die Zutaten sich vollständig verbinden.
3. Zum Köcheln bringen: Die Mischung auf mittlerer Hitze zum Köcheln bringen, dabei regelmäßig umrühren, um Anbrennen am Topfboden zu vermeiden.
4. Reis kochen: Sobald die Mischung köchelt, die Hitze reduzieren und den Reis abgedeckt 20-25 Minuten lang köcheln lassen, bis er weich ist und die Milch größtenteils aufgenommen hat. Weiterhin gelegentlich umrühren, um sicherzustellen, dass der Pudding gleichmäßig gart.
5. Servieren: Den Pudding vom Herd nehmen und nach Wunsch leicht abkühlen lassen. Warm oder gekühlt servieren, garniert mit Zimt, Rosinen, Nüssen oder frischem Obst nach Wahl.
6. Genießen: Freuen Sie sich auf ein einfaches, aber befriedigendes Dessert, das sowohl als süßer Nachtisch als auch als Snack dienen kann.

Nährwertangaben: Kalorien: Ca. 270 kcal pro Portion ~ Eiweiß: 8g ~ Kohlenhydrate: 44g ~ Fett: 7g ~ Gesättigtes Fett: 4g ~ Cholesterin: 20mg ~ Ballaststoffe: 0g ~ Zucker: 28g

88. Beeren-Joghurt-Rinde

Erfrischen Sie sich mit einer gefrorenen Leckerei aus griechischem Joghurt und Ihren Lieblingsbeeren.

Zubereitungszeit: 10 Minuten | Gefrierzeit: 3 Stunden | Portionen: 8

Zutaten:
- 500g griechischer Joghurt (Natur oder Vanille)
- 2 EL Honig oder Ahornsirup
- 150g gemischte Beeren (z. B. Erdbeeren, Heidelbeeren, Himbeeren)
- 60g Müsli oder zerstoßene Nüsse (optional)

Anweisungen:
1. Joghurtmischung zubereiten: In einer Rührschüssel den griechischen Joghurt mit Honig oder Ahornsirup vermischen. Rühren Sie, bis die Süße gleichmäßig verteilt ist.
2. Backblech vorbereiten: Ein Backblech mit Backpapier auslegen, sodass es die Ränder des Blechs überlappt. Dies erleichtert später das Herausnehmen der gefrorenen Joghurt-Rinde.
3. Joghurt verteilen: Die Joghurtmischung auf dem vorbereiteten Blech ausgießen und mit einem Spatel gleichmäßig verteilen, so dass die Schicht etwa 0,5 bis 1 cm dick ist.
4. Beeren hinzufügen: Verteilen Sie die Beeren gleichmäßig auf der Joghurtschicht und drücken Sie sie leicht an, damit sie anhaften.
5. Optional – Belag hinzufügen: Wenn verwendet, streuen Sie Müsli oder zerstoßene Nüsse über die Joghurt-Beeren-Schicht für zusätzliche Textur und Geschmack.
6. Einfrieren: Das Blech für mindestens 3 Stunden in den Gefrierschrank stellen, bis die Joghurt-Rinde fest ist.
7. Servieren: Nehmen Sie das Blech aus dem Gefrierschrank und brechen Sie die Rinde

in Stücke oder schneiden Sie sie in Quadrate. Sofort als kühlen Snack oder Dessert servieren.

8. Aufbewahren: Reste in einem luftdichten Behälter im Gefrierschrank lagern.

Nährwertangaben: Kalorien: Ca. 80 kcal pro Portion ~ Eiweiß: 5g ~ Kohlenhydrate: 10g ~ Fett: 2g ~ Gesättigtes Fett: 1g ~ Cholesterin: 5mg ~ Ballaststoffe: 1g ~ Zucker: 8g

Grundlagen des Backens: Einfache Kuchen, Kekse und Torten, die auch ein Anfänger meistern kann.

Diese Rezepte sollen das Vertrauen in die Küche stärken, indem sie einfache Anleitungen und gängige Zutaten aus der Speisekammer verwenden. Ganz gleich, ob Sie eine Leckerei für einen besonderen Anlass backen oder einfach nur Ihre Backkünste ausprobieren möchten, diese einfachen Kuchen, Kekse und Torten sind der perfekte Einstieg für jeden Backanfänger.

89. Kinderleichte Schokoladenkekse

Ein klassisches Rezept für knusprige Schokoladenkekse, das perfekt für Backanfänger geeignet ist.

Zubereitungszeit: 15 Minuten | Kochzeit: 10-12 Minuten | Portionen: 24 Kekse

Zutaten:
- 230g ungesalzene Butter, weich
- 200g Kristallzucker
- 200g brauner Zucker, fest gepackt
- 2 große Eier
- 1 TL Vanilleextrakt
- 375g Allzweckmehl
- 1 TL Backpulver
- 1/2 TL Salz
- 300g halbsüße Schokoladenstückchen

Anweisungen:
1. Backofen vorheizen: Stellen Sie den Ofen auf 175°C (350°F) ein. Backbleche mit Backpapier oder Silikonbackmatten auslegen.
2. Butter und Zucker cremig rühren: In einer großen Rührschüssel Butter, Kristallzucker und braunen Zucker mit einem Handrührgerät oder einer Küchenmaschine cremig schlagen.
3. Eier und Vanille zugeben: Eier nacheinander hinzufügen und nach jeder Zugabe gründlich verrühren. Vanilleextrakt einrühren.
4. Trockene Zutaten mischen: In einer separaten Schüssel Mehl, Backpulver und Salz vermischen.
5. Nasse und trockene Zutaten kombinieren: Fügen Sie die trockenen Zutaten schrittweise zu den nassen Zutaten hinzu, bis ein gleichmäßiger Teig entsteht. Überrühren vermeiden.
6. Schokoladenstückchen einarbeiten: Schokoladenstückchen vorsichtig unter den Teig heben, bis sie gleichmäßig verteilt sind.
7. Teig portionieren: Mit einem Keksportionierer oder einem Löffel Teig entnehmen und zu Kugeln formen. Die Teigkugeln auf die vorbereiteten Bleche setzen, dabei ausreichend Abstand lassen.
8. Backen: Die Kekse 10-12 Minuten backen, bis die Ränder leicht goldbraun sind. Die Mitte kann noch weich sein, wird aber beim Abkühlen fester.
9. Abkühlen lassen: Die Kekse kurz auf den Blechen ruhen lassen, dann zum

vollständigen Abkühlen auf ein Kuchengitter legen.
10. Servieren und genießen: Warm oder bei Raumtemperatur servieren. Perfekt für jede Gelegenheit!

Nährwertangaben: ~ Kalorien: Ungefähr 200 kcal pro Keks ~ Eiweiß: 2g ~ Kohlenhydrate: 27g ~ Fett: 10g ~ Gesättigtes Fett: 6g ~ Cholesterin: 30mg ~ Ballaststoffe: 1g ~ Zucker: 18g

90. Vanille-Blechkuchen in einer Schüssel

Ein einfacher Vanille-Blechkuchen, der ohne Mixer zubereitet wird, serviert mit einer einfachen Buttercreme-Glasur.

Zubereitungszeit: 15 Minuten | Kochzeit: 25-30 Minuten | Portionen: 12

Zutaten:
- 250g Allzweckmehl
- 200g Kristallzucker
- 1 TL Backpulver
- 1/2 TL Natron
- 1/2 TL Salz
- 240 ml Buttermilch
- 115g ungesalzene Butter, geschmolzen
- 2 große Eier
- 2 TL Vanilleextrakt

Für den Zuckerguss:
- 115g ungesalzene Butter, weich
- 250g Puderzucker
- 2-3 EL Milch oder Sahne
- 1 TL Vanilleextrakt
- Eine Prise Salz

Anweisungen:
1. Backofen vorheizen: Stellen Sie den Ofen auf 175°C (350°F) ein. Fetten und bemehlen Sie eine 9x13-Zoll (ca. 23x33 cm) Backform.
2. Trockene Zutaten mischen: In einer großen Rührschüssel Mehl, Zucker, Backpulver, Natron und Salz gut vermischen.
3. Feuchte Zutaten hinzufügen: In der Mitte der trockenen Zutaten eine Mulde formen. Buttermilch, geschmolzene Butter, Eier und Vanilleextrakt hineingeben.
4. Zutaten vermengen: Mit einem Schneebesen oder Handmixer die feuchten und trockenen Zutaten verrühren, bis ein glatter Teig entsteht. Nicht zu lange rühren.
5. Teig in die Form füllen: Den Teig gleichmäßig in der vorbereiteten Backform verteilen.
6. Backen: Den Kuchen für 25-30 Minuten backen, bis ein eingestochener Zahnstocher sauber herauskommt.
7. Kuchen abkühlen lassen: Den Kuchen in der Form auf einem Kuchengitter vollständig abkühlen lassen.
8. Zuckerguss zubereiten: Weiche Butter, Puderzucker, Milch (oder Sahne), Vanilleextrakt und eine Prise Salz zu einer glatten Glasur verrühren.
9. Kuchen glasieren: Den abgekühlten Kuchen mit der Glasur bestreichen.
10. Servieren: Den Kuchen in Stücke schneiden und servieren. Perfekt für jede Gelegenheit!

Nährwertangaben: Kalorien: Ca. 350 kcal pro Portion ~ Eiweiß: 4g ~ Kohlenhydrate: 49g ~ Fett: 16g ~ Gesättigtes Fett: 10g ~ Cholesterin: 75mg ~ Ballaststoffe: 1g ~ Zucker: 31g

91. Blaubeer-Muffins ohne Fehl und Tadel

Luftige und saftige Muffins voller Blaubeeren, einfach zuzubereiten mit unkomplizierter Anleitung.

Zubereitungszeit: 10 Minuten | Kochzeit: 20-25 Minuten | Portionen: 12 Muffins

Zutaten:
- 250g Allzweckmehl
- 100g Kristallzucker
- 1 EL Backpulver
- 1/2 TL Salz
- 240 ml Milch
- 115g ungesalzene Butter, geschmolzen

- 2 große Eier
- 1 TL Vanilleextrakt
- 225g frische oder gefrorene Blaubeeren (Heidelbeeren)
- Optional: grober Zucker zum Bestreuen

Anweisungen:
1. Backofen vorheizen: Stellen Sie den Ofen auf 190°C (375°F). Bereiten Sie ein Muffinblech mit Papierförmchen vor oder fetten Sie es leicht ein.
2. Trockene Zutaten mischen: In einer großen Schüssel Mehl, Zucker, Backpulver und Salz gründlich vermischen.
3. Feuchte Zutaten hinzufügen: In einer anderen Schüssel Milch, geschmolzene Butter, Eier und Vanilleextrakt schlagen, bis die Mischung glatt ist.
4. Nasse und trockene Zutaten vermischen: Fügen Sie die flüssigen Zutaten zu den trockenen hinzu und rühren Sie vorsichtig um, bis gerade eben vermengt. Der Teig sollte etwas klumpig bleiben.
5. Blaubeeren unterheben: Heben Sie die Blaubeeren behutsam unter, um sie gleichmäßig zu verteilen.
6. Teig in die Förmchen füllen: Verteilen Sie den Teig gleichmäßig auf die Muffinförmchen, füllen Sie diese zu zwei Dritteln.
7. Optional grober Zucker: Bestreuen Sie die Muffins mit grobem Zucker, falls verwendet.
8. Backen: Backen Sie die Muffins 20-25 Minuten lang, bis sie goldbraun sind und ein eingestochener Zahnstocher sauber herauskommt.
9. Abkühlen lassen: Lassen Sie die Muffins für einige Minuten in der Form abkühlen, bevor Sie sie zum vollständigen Abkühlen auf ein Gitter legen.
10. Servieren: Genießen Sie die Muffins warm oder bei Raumtemperatur.

Nährwertangaben: Kalorien: Ungefähr 200 kcal pro Muffin ~ Eiweiß: 4g ~ Kohlenhydrate: 28g ~ Fett: 8g ~ Gesättigtes Fett: 5g ~ Cholesterin: 50mg ~ Ballaststoffe: 1g ~ Zucker: 16g

92. Easy-Peasy Lemon Squeezy Pie

Ein erfrischend säuerlicher Zitronenkuchen mit einer no-bake Füllung und einer einfachen Keksbodenkruste.

Zubereitungszeit: 10 Minuten | Kochzeit: 25-30 Minuten | Portionen: 8 Scheiben

Zutaten:
- 1 vorgefertigte Kuchenkruste (Keksboden, im Laden gekauft oder selbst gemacht)
- 200g Kristallzucker
- 3 Esslöffel Allzweckmehl
- 3 große Eier
- 120 ml Zitronensaft (ca. 3-4 Zitronen)
- 1 Esslöffel fein abgeriebene Zitronenschale
- 60g ungesalzene Butter, geschmolzen
- Puderzucker zum Bestäuben (optional)

Anweisungen:
1. Backofen vorheizen: Stellen Sie den Backofen auf 175°C (350°F). Legen Sie die vorgefertigte Pie-Kruste in eine 23 cm (9 Zoll) große Pie-Form und formen Sie den Rand nach Belieben.
2. Füllung vorbereiten: In einer mittelgroßen Rührschüssel Zucker und Mehl gründlich vermischen.
3. Eier hinzufügen: Schlagen Sie die Eier einzeln in die Zucker-Mehl-Mischung ein und rühren Sie jedes Mal gut um, bis die Mischung glatt und cremig ist.
4. Zitronensaft und -schale einrühren: Fügen Sie Zitronensaft und Zitronenschale hinzu und verrühren Sie alles gründlich, bis die Mischung homogen ist.
5. Butter einrühren: Integrieren Sie die geschmolzene Butter in die Mischung und

schlagen Sie weiter, bis alles gleichmäßig glatt ist.

6. Füllen Sie die Kruste: Gießen Sie die Zitronenfüllung in die vorbereitete Kruste und verteilen Sie sie gleichmäßig.
7. Backen: Backen Sie den Kuchen 25-30 Minuten lang im vorgeheizten Ofen, bis die Füllung fest ist und die Ränder der Kruste goldbraun sind.
8. Abkühlen und servieren: Lassen Sie den Kuchen auf einem Kuchengitter vollständig abkühlen. Kühlen Sie ihn dann mindestens 2 Stunden im Kühlschrank, um die Füllung fest werden zu lassen. Bestäuben Sie ihn vor dem Servieren mit Puderzucker, falls verwendet.

Nährwertangaben: Kalorien: Ungefähr 290 kcal pro Scheibe ~ Eiweiß: 3g ~ Kohlenhydrate: 39g ~ Fett: 14g ~ Gesättigtes Fett: 6g ~ Cholesterin: 85mg ~ Ballaststoffe: 1g ~ Zucker: 26g

93. Bananenbrot für Anfänger

Verwandeln Sie überreife Bananen in einen saftigen und köstlichen Laib Brot, ideal zum Frühstück oder als Snack.

Zubereitungszeit: 15 Minuten | Kochzeit: 60-65 Minuten | Portionen: 1 Laib (10 Scheiben)

Zutaten:
- 250g Allzweckmehl
- 1 Teelöffel Backpulver
- 1/2 Teelöffel Salz
- 115g ungesalzene Butter, weich
- 200g Kristallzucker
- 2 große Eier
- 4 reife Bananen, püriert (etwa 375ml)
- 60ml Milch
- 1 Teelöffel Vanilleextrakt
- Optional: 75g gehackte Nüsse oder Schokoladenstückchen

Anweisungen:
1. Backofen vorheizen: Stellen Sie den Backofen auf 175°C (350°F). Fetten und mehlen Sie eine 23x13 cm große Kastenform oder benutzen Sie Backpapier.
2. Trockene Zutaten mischen: In einer mittleren Schüssel Mehl, Backpulver und Salz sieben und beiseite stellen.
3. Butter und Zucker cremig rühren: In einer großen Rührschüssel Butter und Zucker mit einem Handmixer oder einer Küchenmaschine cremig schlagen, bis die Mischung leicht und fluffig ist.
4. Eier und Bananen hinzufügen: Eier einzeln hinzufügen und gut nach jedem Ei verrühren. Pürierte Bananen einrühren, bis alles gleichmäßig gemischt ist.
5. Milch und Vanille einrühren: Milch und Vanilleextrakt hinzufügen und gut mischen.
6. Trockene und feuchte Zutaten kombinieren: Nach und nach die trockenen Zutaten unter die Bananenmischung heben und nur so lange rühren, bis alles gerade so verbunden ist. Übermischen vermeiden.
7. Optional – Zusätze einrühren: Falls verwendet, Nüsse oder Schokoladensplitter vorsichtig unterheben.
8. Teig in die Form füllen: Den Teig in die vorbereitete Form geben und gleichmäßig verteilen.
9. Brot backen: Für 60-65 Minuten backen, bis ein in die Mitte eingestochener Zahnstocher sauber herauskommt.
10. Abkühlen lassen: Das Brot in der Form 10-15 Minuten abkühlen lassen, dann stürzen und auf einem Kuchengitter vollständig erkalten lassen.
11. Servieren: In Scheiben schneiden und nach Belieben servieren.

Nährwertangaben: Kalorien: Ungefähr 250 kcal pro Scheibe ~ Eiweiß: 4g ~ Kohlenhydrate: 39g ~ Fett: 9g ~ Gesättigtes Fett: 5g ~ Cholesterin: 50mg ~ Ballaststoffe: 2g ~ Zucker: 19g

94. Rustikale Apfelgalette

Einfacher als ein traditioneller Kuchen, diese offene Apfelgalette bietet Backanfängern eine beeindruckende und leckere Herausforderung.

Zubereitungszeit: 15 Minuten | Kochzeit: 35-40 Minuten | Portionen: 6

Zutaten für die Kruste:
- 160 g Allzweckmehl
- 1/2 Teelöffel Salz
- 1/2 Teelöffel Kristallzucker
- 115 g kalte ungesalzene Butter, in kleine Würfel geschnitten
- 45-60 ml Eiswasser

Zutaten für die Füllung:
- 3 mittelgroße Äpfel (z.B. Granny Smith oder Honeycrisp), geschält, entkernt und in dünne Scheiben geschnitten
- 2 Esslöffel Kristallzucker
- 1 Esslöffel Allzweckmehl
- 1/2 Teelöffel gemahlener Zimt
- 1/4 Teelöffel gemahlene Muskatnuss
- 1 Esslöffel Zitronensaft
- 1 Esslöffel ungesalzene Butter, in kleine Würfel geschnitten

Zum Verfeinern:
- 1 Esslöffel Milch oder Sahne
- 1 Esslöffel Kristallzucker zum Bestreuen

Anweisungen:
1. Backofen vorheizen: Stellen Sie den Backofen auf 200°C (400°F). Ein Backblech mit Pergamentpapier auslegen.
2. Kruste vorbereiten: Mehl, Salz und Zucker in einer großen Schüssel vermischen. Kalte Butter hinzufügen und mit einem Pastry Cutter oder einer Gabel einarbeiten, bis die Mischung krümelig ist.
3. Teig formen: Eiswasser löffelweise hinzufügen, bis der Teig gerade zusammenkommt. Nicht überarbeiten. Zu einer Scheibe formen, in Frischhaltefolie einwickeln und mindestens 30 Minuten kühlen.
4. Füllung zubereiten: Äpfel, Zucker, Mehl, Zimt, Muskatnuss und Zitronensaft in einer Schüssel vermischen, bis die Äpfel gleichmäßig bedeckt sind.
5. Teig ausrollen: Auf einer leicht bemehlten Fläche zu einem ca. 30 cm großen Kreis ausrollen. Vorsichtig auf das vorbereitete Backblech legen.
6. Galette zusammenbauen: Apfelscheiben in der Mitte des Teigs anordnen, dabei einen Rand von ca. 5 cm freilassen. Den Rand über die Füllung klappen und leicht drücken, um ein rustikales Aussehen zu erzielen. Butterwürfel auf der Füllung verteilen.
7. Milch bestreichen und Zucker bestreuen: Ränder mit Milch oder Sahne bestreichen und mit Zucker bestreuen.
8. Backen: Im Ofen 35-40 Minuten backen, bis die Kruste goldbraun und die Äpfel weich sind.
9. Abkühlen und servieren: Auf dem Blech kurz abkühlen lassen, dann auf ein Kuchengitter setzen und weiter abkühlen. Warm oder bei Raumtemperatur servieren, optional mit Vanilleeis

.Nährwertangaben: Kalorien: Ungefähr 240 kcal pro Portion ~ Eiweiß: 2g ~ Kohlenhydrate: 32g ~ Fett: 12g ~ Gesättigtes Fett: 7g ~ Cholesterin: 30mg ~ Ballaststoffe: 3g ~ Zucker: 13g

95. Schnell gemixte Schokoladen-Brownies

Reichhaltige, schokoladige Brownies, schnell zubereitet wie eine Fertigmischung, aber mit unvergleichlich besserem Geschmack.

Zubereitungszeit: 10 Minuten | Kochzeit: 25-30 Minuten | Portionen: 9

Zutaten:
- 115 g ungesalzene Butter
- 200 g Kristallzucker
- 2 große Eier
- 1 Teelöffel Vanilleextrakt
- 40 g ungesüßtes Kakaopulver
- 65 g Allzweckmehl
- 1/4 Teelöffel Salz
- 1/4 Teelöffel Backpulver

Anweisungen:
1. Backofen vorheizen: Stellen Sie den Backofen auf 175°C (350°F). Fetten Sie eine 20x20 cm große Backform ein und legen Sie sie beiseite.
2. Butter schmelzen: Butter in einer mikrowellengeeigneten Schüssel in 30-Sekunden-Intervallen schmelzen, bis sie vollständig flüssig ist.
3. Nasse Zutaten mischen: In einer Rührschüssel die geschmolzene Butter mit dem Kristallzucker glatt rühren.
4. Eier und Vanille hinzufügen: Die Eier nacheinander unterrühren, gut nach jedem Ei verrühren. Vanilleextrakt einrühren.
5. Trockene Zutaten unterrühren: Kakaopulver, Mehl, Salz und Backpulver darüber sieben und alles zu einem glatten Teig verrühren.
6. In die Backform geben: Den Teig gleichmäßig in der vorbereiteten Form verteilen und glatt streichen.
7. Backen: Die Form in den Ofen schieben und 25-30 Minuten backen, oder bis ein Zahnstocher, der in die Mitte eingeführt wird, überwiegend sauber herauskommt, jedoch mit einigen feuchten Krümeln.
8. Abkühlen und servieren: Die Brownies in der Form 10-15 Minuten abkühlen lassen, dann in Quadrate schneiden und warm oder bei Raumtemperatur servieren.

Nährwertangaben: Kalorien: Ungefähr 220 kcal pro Portion ~ Eiweiß: 3g ~ Kohlenhydrate: 30g ~ Fett: 11g ~ Gesättigtes Fett: 6g ~ Cholesterin: 65mg ~ Ballaststoffe: 2g ~ Zucker: 22g

96. Einfache Erdbeer-Mürbeteigkuchen

Hausgemachte Mürbeteigkuchen mit gezuckerten Erdbeeren und Schlagsahne – ein einfacher Einstieg ins Backen.

Zubereitungszeit: 15 Minuten | Kochzeit: 15 Minuten | Portionen: 6

Zutaten:

Für die Mürbeteigkuchen:
- 250 g Allzweckmehl
- 50 g Kristallzucker
- 1 Esslöffel Backpulver
- 1/2 Teelöffel Salz
- 115 g kalte ungesalzene Butter, in kleine Stücke geschnitten
- 180 ml Milch
- 1 Teelöffel Vanilleextrakt

Für die Erdbeeren:
- 500 g frische Erdbeeren, geschält und in Scheiben geschnitten
- 25 g Kristallzucker

Für die Schlagsahne:
- 240 ml Schlagsahne
- 25 g Puderzucker
- 1 Teelöffel Vanilleextrakt

Anweisungen:
1. Backofen vorheizen: Stellen Sie den Backofen auf 220°C (425°F). Ein Backblech mit Pergamentpapier auslegen.
2. Mürbeteigkuchen vorbereiten: In einer großen Schüssel Mehl, Zucker, Backpulver und Salz vermischen. Kalte Butterstücke hinzufügen und mit einem Pastry Cutter oder einer Gabel einarbeiten, bis die Mischung krümelig ist.
3. Feuchte Zutaten hinzufügen: In einer anderen Schüssel Milch mit Vanilleextrakt verrühren. Zu der Mehlmischung hinzufügen und rühren, bis gerade verbunden. Nicht übermischen.

4. Teig formen: Den Teig auf einer bemehlten Fläche kurz kneten. Zu einem Kreis von ca. 2,5 cm Dicke ausrollen.
5. Shortcakes ausstechen: Mit einem runden Ausstecher oder einem Glas Kreise ausstechen und auf das Backblech legen.
6. Backen: 12-15 Minuten backen, bis sie goldbraun sind. Aus dem Ofen nehmen und abkühlen lassen.
7. Erdbeeren vorbereiten: Erdbeeren mit Kristallzucker vermischen und ziehen lassen, bis sie Saft freisetzen.
8. Schlagsahne zubereiten: Schlagsahne mit Puderzucker und Vanilleextrakt steif schlagen.
9. Mürbeteigkuchen zusammensetzen: Mürbeteigkuchen waagerecht teilen, mit Erdbeeren und Schlagsahne füllen und zusammensetzen.
10. Servieren: Sofort genießen.

Nährwertangaben: Kalorien: Ca. 380 kcal pro Portion ~ Eiweiß: 5g ~ Kohlenhydrate: 46g ~ Fett: 20g ~ Gesättigtes Fett: 12g ~ Cholesterin: 60mg ~ Ballaststoffe: 3g ~ Zucker: 17g

97. Niemals scheiternde Erdnussbutterkekse

Diese Erdnussbutterkekse sind einfach zuzubereiten und unwiderstehlich weich sowie knusprig.

Zubereitungszeit: 10 Minuten | Kochzeit: 10 Minuten | Portionen: 24 Kekse

Zutaten:
- 250 ml cremige Erdnussbutter
- 200 g Kristallzucker, zusätzlich etwas mehr zum Rollen
- 1 großes Ei
- 1 Teelöffel Vanilleextrakt

Anweisungen:
1. Ofen vorheizen: Stellen Sie den Ofen auf 175°C (350°F). Ein Backblech mit Pergamentpapier auslegen.
2. Zutaten mischen: In einer Rührschüssel Erdnussbutter, Kristallzucker, das Ei und Vanilleextrakt gründlich verrühren, bis ein gleichmäßiger Teig entsteht.
3. Teigkugeln formen: Mit den Händen kleine Teigportionen zu Kugeln formen, etwa 2,5 cm im Durchmesser. Die Kugeln auf das Backblech setzen, dabei genügend Abstand lassen.
4. Mit Zucker bestreuen und flachdrücken: Jede Kugel mit einer Zucker-bestreuten Gabel kreuzweise flachdrücken, sodass ein Gittermuster entsteht.
5. Backen: Die Kekse 8-10 Minuten backen, bis sie an den Rändern leicht goldbraun sind. Nicht zu lange backen, um die weiche Textur zu bewahren.
6. Auskühlen: Die Kekse einige Minuten auf dem Blech ruhen lassen, dann auf ein Kuchengitter legen und komplett abkühlen lassen.
7. Servieren: Die abgekühlten Kekse genießen, idealerweise mit einem Glas Milch.

Nährwertangaben: Kalorien: Ungefähr 120 kcal pro Keks ~ Eiweiß: 3g ~ Kohlenhydrate: 11g ~ Fett: 8g ~ Gesättigtes Fett: 2g ~ Cholesterin: 10mg ~ Ballaststoffe: 1g ~ Zucker: 9g

98. Magischer Puddingkuchen für Anfänger

Ein Teig, der sich während des Backens magisch in drei Schichten trennt: eine festere untere Schicht, eine cremige Puddingschicht und eine obere Kuchenschicht, alles aus einem einfachen Rezept.

Zubereitungszeit: 15 Minuten | Kochzeit: 50 Minuten | Portionen: 9 Quadrate

Zutaten:
- 4 große Eier, getrennt
- 115 g ungesalzene Butter, geschmolzen
- 200 g Kristallzucker
- 15 ml Wasser
- 125 g Allzweckmehl
- 500 ml Milch, lauwarm
- 1 Teelöffel Vanilleextrakt
- Puderzucker zum Bestäuben (optional)

Anweisungen:
1. Ofen vorheizen: Stellen Sie den Ofen auf 160°C (325°F). Fetten und mehlen Sie eine 20x20 cm (8x8 Zoll) große Backform und stellen Sie sie beiseite.
2. Eier trennen: Trennen Sie das Eigelb vom Eiweiß. Das Eiweiß in eine saubere, trockene Rührschüssel geben und beiseite stellen.
3. Eiweiß steif schlagen: Schlagen Sie das Eiweiß zu steifem Schnee. Stellen Sie es beiseite.
4. Nasse Zutaten mischen: In einer anderen Schüssel geschmolzene Butter, Kristallzucker und Wasser gründlich verrühren.
5. Eigelb einarbeiten: Eigelbe einzeln zur Butter-Zucker-Mischung hinzufügen, gut nach jeder Zugabe verrühren.
6. Mehl einrühren: Allmählich das Mehl einrühren, bis der Teig glatt ist.
7. Milch und Vanille hinzufügen: Langsam die Milch und den Vanilleextrakt einrühren, bis alles gut vermischt ist.
8. Eischnee unterheben: Heben Sie den Eischnee vorsichtig unter die Teigmischung, bis gerade eben eingearbeitet. Achten Sie darauf, die Luftigkeit nicht zu verlieren.
9. Backen: Gießen Sie den Teig in die vorbereitete Form. Glatt streichen und 45-50 Minuten backen, bis die Oberfläche goldbraun ist und der Kuchen fest, aber in der Mitte leicht wackelig erscheint.
10. Abkühlen und servieren: Lassen Sie den Kuchen in der Form auf einem Gitterrost vollständig abkühlen. In Quadrate schneiden, optional mit Puderzucker bestäuben und servieren.

Nährwertangaben: Kalorien: Ca. 250 kcal pro Portion ~ Eiweiß: 5g ~ Kohlenhydrate: 30g ~ Fett: 12g ~ Gesättigtes Fett: 7g ~ Cholesterin: 115mg ~ Ballaststoffe: 0g ~ Zucker: 20g

Kapitel 8: Der Teil der Zehner

Zehn Küchentricks, die jeder Mann kennen sollte: Tricks, mit denen das Kochen einfacher wird und mehr Spaß macht.

Willkommen zu dem Kapitel, das Sie mit einer Küchenweisheit ausstattet, die Sie von einem Küchenneuling in einen versierten Koch zu Hause verwandelt. Bei diesen zehn Tricks geht es nicht nur darum, an der falschen Stelle zu sparen, sondern auch darum, Ihr Kocherlebnis zu verbessern, es effizienter und angenehmer zu machen und, ja, sogar ein bisschen anzugeben. Egal, ob Sie für eine Person kochen, eine Dinnerparty veranstalten oder einfach nur beeindrucken wollen, diese Tricks sind Ihre Geheimwaffen.

1. Messer mit einer Kaffeetasse schärfen
Ein stumpfes Messer kann die Küchenvorbereitung zu einem Albtraum machen. Wenn Sie keinen Schärfer zur Hand haben, verwenden Sie die unglasierte Unterseite eines Keramik-Kaffeebechers. Ein paar Striche auf dieser Oberfläche genügen, um Ihr Messer schnell zu schärfen.

2. Gefrorene Trauben zum Kühlen von Wein verwenden
Sie möchten Ihren Wein kühlen, ohne ihn zu verwässern? Bewahren Sie gefrorene Weintrauben in Ihrem Gefrierschrank auf. Sie kühlen Ihr Getränk, ohne den Geschmack zu beeinträchtigen, und verleihen Ihrem Getränkeservice einen Hauch von Klasse.

3. Ingwer mit einem Löffel schälen
Vergessen Sie den Sparschäler oder das Messer, wenn es um die unangenehme Form des Ingwers geht. Mit einem Löffel lässt sich die Schale erstaunlich gut entfernen, so dass möglichst wenig Abfall anfällt und das Schälen ganz einfach ist.

4. Altbackenes Brot mit Eiswürfeln wiederbeleben
Altbackenes Brot? Kein Problem. Besprühen Sie es mit Wasser oder stecken Sie einen Eiswürfel in den Beutel und schieben Sie es für ein paar Minuten in den Ofen. Es sieht aus wie frisch gebacken.

5. Verwandeln Sie einen Slow Cooker in einen Luftbefeuchter
Kochen Sie einen Braten oder ein Chili über Stunden? Fügen Sie etwas zusätzliches Wasser und aromatische Kräuter oder Zitrusschalen hinzu. Ihr Gericht gart, während es Ihr Zuhause auf natürliche Weise duftet und befeuchtet.

6. Schneiden Sie Cherrytomaten zwischen den Tellern
Kirschtomaten einzeln zu schneiden ist mühsam. Klemmen Sie sie zwischen zwei Tellern ein und schneiden Sie sie mit einem scharfen Messer horizontal durch, um sie in einem Zug zu halbieren.

7. Verwenden Sie eine Kartoffel, um versalzene Suppen zu reparieren
Ist Ihre Suppe oder Ihr Eintopf versalzen? Geben Sie eine geschälte Kartoffel hinein. Sie absorbiert das überschüssige Salz und kann nach dem Kochen entfernt werden, um Ihr Gericht zu retten.

8. Pfannkuchenmischung in einen schnellen Teig verwandeln
Sie brauchen einen schnellen Teig zum Braten von Fisch oder Gemüse? Pfannkuchenmischung ist die Rettung. Ihre Konsistenz und ihr Geschmack sorgen für einen überraschend effektiven und mühelosen Teig.

9. Einfrieren von Kräutern in Olivenöl
Konservieren Sie frische Kräuter, indem Sie sie hacken, in Eiswürfelbehälter geben, mit Olivenöl bedecken und einfrieren. Sie eignen sich perfekt für die Zubereitung einer Sauté oder zum Würzen einer Suppe.

10. Hartnäckige Gläser mit Klebeband öffnen

Sie haben Schwierigkeiten, ein Glas zu öffnen? Wickeln Sie Klebeband um den Deckel, so dass ein Streifen zum Festhalten übrig bleibt. Ein fester Zug am Ende des Klebebandes kann selbst die hartnäckigsten Deckel lösen. Mit diesen Tricks sind Sie bereit, die Küche mit neuem Selbstvertrauen und Gespür anzugehen. Denken Sie daran, dass es beim Kochen nicht nur darum geht, Rezepte buchstabengetreu zu befolgen, sondern auch um Improvisation, Anpassung und manchmal auch ein bisschen Magie. Beeindrucken Sie also sich selbst (und andere) mit diesen cleveren Küchentricks, die das Kochen einfacher machen und mehr Spaß. Willkommen in der Bruderschaft der cleveren Hausfrauen und -männer!

Zehn Erfolgsrezepte für jede Gelegenheit: Lieblingsgerichte, die nie enttäuschen.

99. Ultimative Spaghetti Bolognese

Ein klassisches, herzhaftes Spaghetti-Gericht mit einer reichhaltigen Fleischsauce, gekocht bis zur Perfektion. Dieses einfache und köstliche Rezept ist bei allen beliebt.

Zubereitungszeit: 10 Minuten | Kochzeit: 45 Minuten | Portionen: 4

Zutaten:
- 225 g Spaghetti
- 1 Esslöffel Olivenöl
- 1 Zwiebel, fein gehackt
- 2 Knoblauchzehen, fein gehackt
- 1 Karotte, fein gehackt
- 1 Stange Sellerie, fein gehackt
- 225 g Rinderhackfleisch
- 400 g zerkleinerte Tomaten (1 Dose)
- 1 Esslöffel Tomatenmark
- 1 Teelöffel getrockneter Oregano
- 1 Teelöffel getrocknetes Basilikum
- Salz und Pfeffer, zum Abschmecken
- Geriebener Parmesan, zum Servieren
- Frische Basilikumblätter, zum Garnieren (optional)

Anweisungen:
1. Spaghetti kochen: Kochen Sie die Spaghetti nach Packungsanweisung bis sie al dente sind. Abgießen und beiseite stellen.
2. Gemüse anbraten: Erhitzen Sie das Olivenöl in einer großen Pfanne auf mittlerer Hitze. Fügen Sie Zwiebel, Knoblauch, Karotte und Sellerie hinzu und braten Sie alles unter gelegentlichem Rühren, bis das Gemüse weich ist (etwa 5-7 Minuten).
3. Rinderhackfleisch anbraten: Geben Sie das Rinderhackfleisch zu dem Gemüse in die Pfanne. Braten Sie es unter Zerdrücken mit einem Löffel, bis es gebräunt und durchgegart ist (etwa 5-7 Minuten).
4. Tomaten und Gewürze hinzufügen: Fügen Sie die zerkleinerten Tomaten, das Tomatenmark, Oregano und Basilikum hinzu. Würzen Sie mit Salz und Pfeffer nach Geschmack.
5. Soße köcheln lassen: Reduzieren Sie die Hitze und lassen Sie die Soße 20-30 Minuten langsam köcheln, bis sie eindickt und die Aromen sich gut verbunden haben.
6. Servieren: Verteilen Sie die Spaghetti auf Tellern und geben Sie die Bolognese-Soße darüber. Bestreuen Sie das Gericht nach Belieben mit Parmesan und garnieren Sie es mit frischen Basilikumblättern.

Nährwertangaben: Kalorien: Ca. 400 kcal pro Portion ~ Eiweiß: 20g ~ Kohlenhydrate: 50g ~ Fett: 15g ~ Gesättigtes Fett: 5g ~ Cholesterin: 40mg ~ Ballaststoffe: 5g ~ Zucker: 8g

100. Perfektes Brathähnchen

Ein kinderleichtes Rezept für ein saftiges Brathähnchen mit knuspriger Haut, aromatisch gewürzt mit Kräutern und Zitrone. Perfekt für jeden, der ins Kochen einsteigen möchte.

Zubereitungszeit: 10 Minuten | Kochzeit: 1 Stunde 30 Minuten | Portionen: 4

Zutaten:
- 1 ganzes Huhn (ca. 1,5-1,8 kg)
- 2 Esslöffel Olivenöl
- Salz und Pfeffer, zum Abschmecken
- 1 Zitrone, halbiert
- 4 Knoblauchzehen, geschält und zerdrückt
- Frische Kräuter wie Rosmarin, Thymian oder Salbei (optional, zur Füllung)
- 1 Zwiebel, geviertelt (optional)
- 2 Karotten, geschält und in Stücke geschnitten (optional)
- 2 Stangen Sellerie, in Stücke geschnitten (optional)

Anweisungen:
1. Backofen vorheizen: Stellen Sie den Backofen auf 220°C (425°F).
2. Huhn vorbereiten: Entfernen Sie ggf. die Innereien aus dem Huhn. Trocknen Sie das Huhn mit Küchenpapier ab, um eine knusprige Haut zu fördern.
3. Hähnchen würzen: Reiben Sie das Huhn außen und innen mit Olivenöl ein und würzen Sie es großzügig mit Salz und Pfeffer. Drücken Sie den Saft der Zitrone über dem Huhn aus und legen Sie die Zitronenhälften mit den Knoblauchzehen und den Kräutern in die Bauchhöhle.
4. Hähnchen binden (optional): Binden Sie die Beine des Huhns mit Küchengarn zusammen, um eine gleichmäßige Garung zu fördern. Dies ist jedoch optional.
5. Gemüse vorbereiten (optional): Verteilen Sie Zwiebeln, Karotten und Sellerie in einem Bräter und legen Sie das Huhn darauf.
6. Braten: Geben Sie das Huhn mit der Brustseite nach oben in den Ofen und braten Sie es 75 bis 90 Minuten lang, bis die Kerntemperatur an der dicksten Stelle der Keule 75°C (165°F) erreicht und der Saft klar austritt. Bedecken Sie die Haut mit Alufolie, falls sie zu schnell bräunt.
7. Ruhezeit: Lassen Sie das Huhn nach dem Garen 10-15 Minuten ruhen, bevor Sie es tranchieren. Dies hilft, die Säfte zu verteilen und das Fleisch saftiger zu machen.
8. Servieren: Zerlegen Sie das Huhn und servieren Sie es mit den Beilagen Ihrer Wahl.

Nährwertangaben: Kalorien: Ca. 300 kcal pro Portion ~ Eiweiß: 25g ~ Kohlenhydrate: 2g ~ Fett: 20g ~ Gesättigtes Fett: 5g ~ Cholesterin: 95mg ~ Ballaststoffe: 1g ~ Zucker: 1g

101. Einfache Käselasagne

Lasagnenudeln geschichtet mit Ricotta, Mozzarella, Parmesan und einer einfachen hausgemachten Tomatensauce machen dieses Gericht zu einem unkomplizierten und köstlichen Erlebnis.

Zubereitungszeit: 30 Minuten | Kochzeit: 1 Stunde | Portionen: 8

Zutaten:
- 450 g Rinderhackfleisch
- 1 Zwiebel, gewürfelt
- 3 Knoblauchzehen, fein gehackt
- 800 g zerkleinerte Tomaten (1 Dose)
- 170 g Tomatenmark (1 kleine Dose)
- 2 Teelöffel getrocknetes Basilikum
- 1 Teelöffel getrockneter Oregano
- Salz und Pfeffer, nach Geschmack
- 12 Lasagnenudeln
- 425 g Ricotta
- 1 Ei
- 200 g geriebener Mozzarella
- 100 g geriebener Parmesan

Anweisungen:
1. Backofen vorheizen: Stellen Sie den Backofen auf 190°C (375°F).
2. Rinderhack zubereiten: Braten Sie das Hackfleisch in einer großen Pfanne bei mittlerer Hitze bis zur Krümeligkeit und Bräunung. Überschüssiges Fett abgießen.
3. Aromaten hinzufügen: Zwiebel und Knoblauch dazugeben und weitere 3-4

Minuten braten, bis die Zwiebeln glasig sind.
4. Tomaten und Gewürze einrühren: Fügen Sie die zerkleinerten Tomaten, das Tomatenmark, Basilikum, Oregano, Salz und Pfeffer hinzu. Lassen Sie die Sauce 10 Minuten köcheln, damit sich die Aromen entfalten. Nach Geschmack nachwürzen.
5. Nudeln kochen: Garen Sie die Lasagnenudeln gemäß der Packungsanweisung al dente, abgießen und zur Seite stellen.
6. Ricotta-Mischung vorbereiten: Vermischen Sie in einer Schüssel den Ricotta und das Ei gründlich.
7. Lasagne schichten: Beginnen Sie mit einer Schicht Fleischsauce im Boden einer 9x13-Zoll Backform. Fügen Sie eine Schicht Nudeln hinzu, dann die Hälfte der Ricotta-Mischung, und wiederholen Sie die Schichten mit Sauce und Käsen, endend mit einer Nudelschicht, darauf Sauce und Käse.
8. Backen: Bedecken Sie die Form mit Alufolie und backen Sie für 30 Minuten. Entfernen Sie die Folie und backen Sie weitere 15-20 Minuten, bis der Käse geschmolzen und leicht gebräunt ist.
9. Abkühlen und servieren: Lassen Sie die Lasagne vor dem Schneiden ein paar Minuten ruhen. Optional mit frischem Basilikum oder Petersilie garnieren.

Nährwertangaben: Kalorien: Ca. 450 kcal pro Portion ~ Eiweiß: 30g ~ Kohlenhydrate: 35g ~ Fett: 20g ~ Gesättigtes Fett: 10g ~ Cholesterin: 110mg ~ Ballaststoffe: 3g ~ Zucker: 7g

102. Lachs in einer Pfanne mit gebratenem Gemüse

Ein gesundes, einfaches Gericht, das Lachsfilets und eine Vielfalt an Gemüse in nur einer Pfanne kombiniert – ideal für eine schnelle und leckere Mahlzeit.

Zubereitungszeit: 10 Minuten | Kochzeit: 25 Minuten | Portionen: 4
Zutaten:
- 4 Lachsfilets (à ca. 170g)
- 450 g Babykartoffeln, halbiert
- 300 g Kirschtomaten
- 1 Paprika, in Scheiben
- 1 Zucchini, in Scheiben
- 1 rote Zwiebel, in Scheiben
- 4 Knoblauchzehen, gehackt
- 2 Esslöffel Olivenöl
- 1 Teelöffel getrockneter Thymian
- 1 Teelöffel getrockneter Rosmarin
- Salz und Pfeffer, nach Geschmack
- Zitronenspalten, zum Servieren
- Frische Petersilie, gehackt, zum Garnieren

Anweisungen:
Backofen vorheizen: Stellen Sie den Backofen auf 200°C (400°F).
Gemüse vorbereiten: Kombinieren Sie in einer großen Schüssel die halbierten Babykartoffeln, Kirschtomaten, Paprikascheiben, Zucchinischeiben, rote Zwiebelscheiben, gehackten Knoblauch, Olivenöl, Thymian, Rosmarin, Salz und Pfeffer. Gut mischen, damit das Gemüse gleichmäßig gewürzt ist.
Gemüse auf einem Backblech verteilen: Breiten Sie das Gemüse in einer einzigen Schicht auf einem großen, mit Backpapier ausgelegten Backblech aus.
Lachs würzen: Würzen Sie die Lachsfilets auf beiden Seiten mit Salz und Pfeffer.
Lachs zum Gemüse geben: Legen Sie die gewürzten Lachsfilets auf das Gemüse auf dem Backblech.
Backen: Schieben Sie das Backblech in den vorgeheizten Ofen und backen Sie es 20-25 Minuten lang, bis der Lachs fertig und das Gemüse zart und leicht karamellisiert ist.
Servieren: Nehmen Sie den Lachs aus dem Ofen und lassen Sie ihn kurz ruhen. Servieren Sie den Lachs und das Gemüse heiß, garniert mit frischer Petersilie und Zitronenspalten.

Nährwertangaben: Kalorien: Ca. 350 kcal pro Portion ~ Eiweiß: 30g ~ Kohlenhydrate: 20g ~ Fett: 18g ~ Gesättigtes Fett: 3g ~ Cholesterin: 75mg ~ Ballaststoffe: 4g ~ Zucker: 4g

103. Klassisches Rindfleisch-Chili

Ein wärmender und sättigender Chili mit Rinderhack, Bohnen und Tomaten, der perfekt gewürzt und langsam gekocht wird, um alle Aromen harmonisch zu vereinen.

Zubereitungszeit: 15 Minuten | Kochzeit: 1 Stunde | Portionen: 6

Zutaten:
- 1 Esslöffel Olivenöl
- 1 große Zwiebel, gewürfelt
- 2 Knoblauchzehen, gehackt
- 450 g Rinderhackfleisch
- 1 Dose (ca. 425 g) Kidneybohnen, abgetropft und abgespült
- 1 Dose (ca. 425 g) gewürfelte Tomaten
- 1 kleine Dose (ca. 170 g) Tomatenmark
- 480 ml Rinderbrühe
- 2 Teelöffel Chilipulver
- 1 Teelöffel gemahlener Kreuzkümmel
- 1 Teelöffel Paprikapulver
- 1/2 Teelöffel getrockneter Oregano
- Salz und Pfeffer, nach Geschmack
- Optional: geriebener Käse, saure Sahne, gehackte grüne Zwiebeln, gewürfelte Avocado, frischer Koriander zum Garnieren

Anweisungen:
1. Zwiebeln und Knoblauch anbraten: Erhitzen Sie das Olivenöl in einem großen Topf auf mittlerer Stufe. Fügen Sie die Zwiebeln hinzu und dünsten Sie sie ca. 5 Minuten, bis sie weich sind. Den Knoblauch hinzufügen und eine weitere Minute dünsten, bis er aromatisch wird.
2. Rinderhackfleisch braten: Geben Sie das Rinderhackfleisch dazu und braten Sie es unter Rühren krümelig und braun. Überschüssiges Fett kann abgeschöpft werden.
3. Bohnen und Tomaten zufügen: Fügen Sie die Kidneybohnen, gewürfelte Tomaten und das Tomatenmark hinzu und verrühren Sie alles gut.
4. Würzen und köcheln lassen: Gießen Sie die Rinderbrühe dazu und geben Sie Chilipulver, Kreuzkümmel, Paprikapulver, Oregano sowie Salz und Pfeffer bei. Umrühren und zum Köcheln bringen.
5. Kochen: Reduzieren Sie die Hitze und lassen Sie das Chili zugedeckt 45 Minuten bis zu einer Stunde köcheln, bis es eindickt und die Aromen sich entfalten.
6. Servieren: Löffeln Sie das Chili in Schüsseln und garnieren Sie es nach Belieben mit geriebenem Käse, saurer Sahne, grünen Zwiebeln, Avocado und Koriander.

Nährwertangaben: Kalorien: Ungefähr 320 kcal pro Portion ~ Eiweiß: 20g ~ Kohlenhydrate: 25g ~ Fett: 15g ~ Gesättigtes Fett: 5g ~ Cholesterin: 50mg ~ Ballaststoffe: 6g ~ Zucker: 7g

104. Einfache Gebratene Shrimps mit Gemüse

Ein schnelles und farbenfrohes Gericht, das sowohl den Gaumen als auch die Augen mit seiner perfekten Kombination aus Shrimps, Paprika, Brokkoli und Karotten verzaubert. Abgerundet mit einer einfachen, aber schmackhaften Soja-Knoblauch-Sauce, ist dieses Gericht eine wahre Geschmackssymphonie, ideal auch für Kochanfänger.

Zubereitungszeit: 15 Minuten | Kochzeit: 10 Minuten | Portionen: 4

Zutaten:
450 g Garnelen, geschält und entdarmt
2 Tassen gemischtes Gemüse (z.B. Paprika, Brokkoli, Karotten, Zuckerschoten), in Scheiben geschnitten
2 Esslöffel Pflanzenöl
3 Knoblauchzehen, gehackt
1 Esslöffel frischer Ingwer, gerieben
60 ml Sojasauce
2 Esslöffel Austernsauce
1 Esslöffel Honig oder brauner Zucker
1 Esslöffel Sesamöl
Gekochter Reis oder Nudeln, zum Servieren

Anweisungen:
Zutaten vorbereiten: Garnelen schälen und entdarmen, falls nicht bereits vorbereitet. Gemüse in mundgerechte Stücke schneiden.

Sauce zubereiten: In einer kleinen Schüssel Sojasauce, Austernsauce, Honig oder braunen Zucker und Sesamöl verrühren. Beiseite stellen.

Garnelen anbraten: 1 Esslöffel Pflanzenöl in einer großen Pfanne oder einem Wok auf mittlerer bis hoher Stufe erhitzen. Garnelen etwa 2-3 Minuten pro Seite braten, bis sie durchgegart und rosa sind. Garnelen aus der Pfanne nehmen und beiseite stellen.

Gemüse braten: Den restlichen Esslöffel Öl in derselben Pfanne erhitzen. Knoblauch und Ingwer hinzufügen und kurz anbraten, bis sie duften. Gemüse hinzufügen und 3-4 Minuten unter Rühren braten, bis es gerade zart ist.

Alles kombinieren: Garnelen wieder in die Pfanne geben. Die vorbereitete Sauce darüber gießen und alles gut vermischen. Weitere 1-2 Minuten kochen lassen, bis die Sauce heiß ist und leicht eindickt.

Servieren: Das Gericht über gekochtem Reis oder Nudeln servieren und sofort genießen.

Nährwertangaben (pro Portion): Kalorien: 250kcal ~ Kohlenhydrate: 14g ~ Eiweiß: 25g ~ Fett: 10g ~ Gesättigtes Fett: 1,5g ~ Cholesterin: 180mg ~ Ballaststoffe: 3g ~ Zucker: 6g

105. Schnelle Pizza Margherita mit Fladenbrot

Ein blitzschnelles Gericht, das Geschmack und Einfachheit in perfekter Harmonie vereint. Diese Pizza Margherita auf Fladenbrotbasis ist eine geniale Lösung für spontane Kochsessions und bietet puren Genuss ohne großen Aufwand.

Zubereitungszeit: 10 Minuten | Kochzeit: 10 Minuten | Portionen: 2

Zutaten:
- 2 Fladenbrote
- 240 ml Marinara-Sauce
- 240 ml geriebener Mozzarella-Käse
- 2 reife Tomaten, in Scheiben geschnitten
- Frische Basilikumblätter
- Olivenöl
- Salz und Pfeffer zum Abschmecken

Anweisungen:
1. Backofen vorheizen: Stellen Sie den Backofen auf 200°C (400°F) ein.
2. Fladenbrote vorbereiten: Platzieren Sie die Fladenbrote auf einem mit Backpapier ausgelegten Backblech.
3. Sauce auftragen: Verteilen Sie die Marinara-Sauce gleichmäßig auf den Fladenbroten, lassen Sie dabei einen kleinen Rand frei.
4. Käse hinzufügen: Streuen Sie den Mozzarella gleichmäßig über die Sauce.
5. Tomaten verteilen: Legen Sie die Tomatenscheiben auf den Käse.
6. Würzen: Träufeln Sie etwas Olivenöl über die Tomaten und würzen Sie mit Salz und Pfeffer.
7. Backen: Geben Sie das Backblech in den vorgeheizten Ofen und backen Sie die Pizzen 8-10 Minuten lang, bis der Käse geschmolzen und leicht gebräunt ist und die Ränder des Fladenbrots knusprig sind.
8. Garnieren: Nehmen Sie die Fladenbrote aus dem Ofen und lassen Sie sie kurz abkühlen. Bestreuen Sie sie anschließend mit frischen Basilikumblättern.
9. Servieren: Schneiden Sie die Pizzen in Stücke und servieren Sie sie sofort.

Nährwertangaben (pro Portion): Kalorien: 380 kcal ~ Fett: 15g ~ Kohlenhydrate: 45g ~ Eiweiß: 15g ~ Ballaststoffe: 3g ~ Zucker: 6g

106. Narrensicherer Gegrillter Käse mit Tomatensuppe

Die perfekte Kombination für eine gemütliche Mahlzeit: knuspriges, goldenes gegrilltes Käsesandwich mit einer einfachen, cremigen Tomatensuppe.

Zubereitungszeit: 10 Minuten | Kochzeit: 20 Minuten | Portionen: 2

Zutaten:

Für den gegrillten Käse:
- 4 Scheiben Brot (nach Wahl)
- 4 Scheiben Käse (Cheddar, American oder Ihr bevorzugter Käse)
- 2 Esslöffel ungesalzene Butter, weich

Für die Tomatensuppe:
- 1 Dose (400 g) zerkleinerte Tomaten
- 240 ml Gemüsebrühe oder Hühnerbrühe
- 120 ml Schlagsahne oder Vollmilch
- 2 Knoblauchzehen, fein gehackt
- 1 kleine Zwiebel, fein gehackt

- 1 Esslöffel Olivenöl
- 1 Teelöffel getrocknetes Basilikum
- Salz und frisch gemahlener schwarzer Pfeffer zum Abschmecken

Anweisungen:
1. Tomatensuppe zubereiten: In einem Topf das Olivenöl auf mittlerer Stufe erhitzen. Knoblauch und Zwiebel hinzufügen und anbraten, bis sie weich sind, etwa 3-4 Minuten.
2. Suppe köcheln lassen: Zerkleinerte Tomaten, Brühe und Basilikum hinzufügen. Mit Salz und Pfeffer würzen und umrühren. Zum Köcheln bringen und 10-15 Minuten leicht köcheln lassen, um die Aromen zu entwickeln. Gelegentlich umrühren.
3. Suppe verfeinern: Nachdem die Suppe eingedickt ist, die Hitze reduzieren und die Sahne oder Milch einrühren. Weitere 2-3 Minuten köcheln lassen. Abschmecken und ggf. nachwürzen. Vom Herd nehmen.
4. Gegrillten Käse vorbereiten: Eine Pfanne auf mittlerer Hitze erwärmen.
5. Sandwiches zusammenstellen: Eine Seite jeder Brotscheibe mit Butter bestreichen. Zwei Brotscheiben mit der gebutterten Seite nach unten in die Pfanne legen, je zwei Käsescheiben darauflegen, und die anderen Brotscheiben mit der gebutterten Seite nach oben daraufsetzen.
6. Gegrillten Käse kochen: Die Sandwiches von beiden Seiten je 3-4 Minuten braten, bis sie golden und knusprig sind und der Käse geschmolzen ist.
7. Servieren: Gegrillten Käse kurz ruhen lassen, dann in Stücke schneiden. Tomatensuppe in Schüsseln anrichten und zusammen mit den Sandwiches servieren.

Nährwertangaben: Kalorien: Ungefähr 550 kcal pro Portion (einschließlich 1 Sandwich und 1 Tasse Suppe) ~ Eiweiß: 16g ~ Kohlenhydrate: 41g ~ Fett: 38g ~ Gesättigtes Fett: 20g ~ Cholesterin: 95mg ~ Ballaststoffe: 4g ~ Zucker: 12g

107. Easy-Peasy Hähnchenspieße mit Zitronenwasser

Diese gegrillten oder gebratenen Hähnchenspieße, mariniert in Zitrone und Kräutern, werden mit einer würzigen Joghurtsauce serviert und sind perfekt für ein schnelles, schmackhaftes Mahl.

Zubereitungszeit: 15 Minuten | Kochzeit: 10 Minuten | Portionen: 4

Zutaten:
- 450 g Hähnchenbrustfilet ohne Haut und Knochen, gewürfelt
- Saft und abgeriebene Schale von 2 Zitronen
- 2 Knoblauchzehen, gehackt
- 2 Esslöffel Olivenöl
- 1 Teelöffel getrockneter Oregano
- Salz und frisch gemahlener schwarzer Pfeffer nach Geschmack
- Holz- oder Metallspieße

Anweisungen:
1. Marinade vorbereiten: In einer Schüssel Zitronensaft, Zitronenschale, gehackten Knoblauch, Olivenöl, Oregano, Salz und Pfeffer gründlich vermischen.
2. Hähnchen marinieren: Die Hähnchenwürfel hinzufügen und umrühren, bis sie gleichmäßig mit der Marinade bedeckt sind. Die Schüssel abdecken und mindestens 30 Minuten im Kühlschrank ziehen lassen, damit die Aromen sich entfalten können.
3. Spieße vorbereiten: Holzspieße vor dem Grillen 20-30 Minuten in Wasser einweichen, um ein Verbrennen zu verhindern.
4. Grill anheizen: Grill oder Grillpfanne auf mittlere bis hohe Temperatur vorheizen.
5. Spieße bestücken: Die marinierten Hähnchenwürfel auf die Spieße stecken, dabei zwischen den Stücken etwas Platz lassen.
6. Grillen: Die Spieße auf den Grill oder in die Grillpfanne legen und von jeder Seite 4-5 Minuten grillen, bis das Hähnchen durchgegart ist und schöne Grillstreifen hat.

7. Anrichten und servieren: Die fertigen Hähnchenspieße auf eine Platte legen und nach Belieben mit Zitronenschale und frischen Kräutern garnieren. Warm servieren, idealerweise mit einer Seite Ihrer Wahl.

Nährwertangaben: Kalorien: Ungefähr 200 kcal pro Portion ~ Eiweiß: 25g ~ Kohlenhydrate: 3g ~ Fett: 9g ~ Gesättigtes Fett: 1,5g ~ Cholesterin: 70mg ~ Ballaststoffe: 1g ~ Zucker: 1g

108. Schokoladen-Lavakuchen für Anfänger

Ein nachsichtiger Schokoladenkuchen mit einem klebrigen, geschmolzenen Kern, überraschend einfach zu machen und garantiert beeindruckend.

Zubereitungszeit: 10 Minuten | Kochzeit: 12 Minuten | Portionen: 4

Zutaten:
- 115 g halbsüße Schokolade
- 115 g ungesalzene Butter
- 100 g Kristallzucker
- 2 große Eier
- 2 große Eigelbe
- 1 Teelöffel Vanilleextrakt
- 30 g Allzweckmehl
- Eine Prise Salz
- Puderzucker, zum Bestäuben (optional)
- Vanilleeis, zum Servieren (optional)

Anweisungen:

1. Ofen vorheizen: Den Ofen auf 220°C vorheizen. Vier kleine Förmchen (Ramekins) mit Butter einfetten und mit Kakaopulver oder Mehl bestäuben, das überschüssige Mehl herausklopfen.
2. Schokolade und Butter schmelzen: In einer mikrowellengeeigneten Schüssel die Schokolade und Butter zusammen geben. In der Mikrowelle in 30-Sekunden-Intervallen erhitzen, zwischendurch umrühren, bis alles geschmolzen und glatt ist. Alternativ im Wasserbad auf dem Herd schmelzen.
3. Teig vorbereiten: In einer separaten Schüssel Kristallzucker, Eier, Eigelbe und Vanilleextrakt schaumig rühren.
4. Schokoladenmischung hinzufügen: Die geschmolzene Schokoladen-Butter-Mischung langsam in die Eiermischung einrühren, dabei stetig schlagen, bis die Masse homogen und glänzend ist.
5. Trockene Zutaten einarbeiten: Mehl und Salz über die Schokoladen-Ei-Mischung sieben und vorsichtig unterheben, bis gerade eben vermischt. Übermischen vermeiden.
6. Förmchen füllen: Den Teig gleichmäßig in die vorbereiteten Förmchen füllen, dabei jeweils zu etwa drei Vierteln auffüllen.
7. Backen: Die Förmchen auf ein Backblech setzen und im vorgeheizten Ofen 12-14 Minuten backen, bis die Ränder fest sind, aber die Mitte noch leicht flüssig ist.
8. Servieren: Die Kuchen kurz abkühlen lassen, dann vorsichtig auf Teller stürzen. Optional mit Puderzucker bestreuen und sofort mit Vanilleeis servieren.

Nährwertangaben: Kalorien: Ca. 380 kcal pro Portion ~ Eiweiß: 5g ~ Kohlenhydrate: 28g ~ Fett: 28g ~ Gesättigtes Fett: 16g ~ Cholesterin: 195mg ~ Ballaststoffe: 2g ~ Zucker: 21g

Zehn Wege, mit der Präsentation zu beeindrucken: Tipps, wie selbst einfache Gerichte beeindruckend aussehen.

Man sagt, wir essen zuerst mit den Augen, und das war noch nie so wahr wie im Zeitalter der Food-Fotografie und der sozialen Medien. Aber Sie müssen kein Profikoch sein, um Ihre Gerichte umwerfend aussehen zu lassen. In diesem Kapitel geht es um einfache Tricks und Tipps, mit denen Sie jedes Gericht aufwerten können und alltägliche Mahlzeiten in Kunstwerke verwandeln, mit denen Sie Ihre Gäste, Ihren Partner oder auch sich selbst beeindrucken können. Hier erfahren Sie Schritt für Schritt, wie Sie Ihren kulinarischen Kreationen den "Wow-Faktor" verleihen können.

1. Setzen Sie auf weißen Raum
Verwenden Sie zum Servieren große, schlichte Teller. Der weiße Raum um Ihr Essen herum bringt die Farben zur Geltung und verleiht Ihrem Gericht ein professionelles Aussehen.

2. Höhe ist Macht
Wenn Sie die Speisen stapeln, anstatt sie flach auszubreiten, wirkt das Ganze noch raffinierter. Versuchen Sie, Komponenten zu schichten, um Ihrem Gericht eine gewisse Höhe und Dramatik zu verleihen.

3. Mit Grün garnieren
Ein wenig Grün kann viel bewirken. Mit ein paar gehackten Kräutern oder ein paar Blättern können Sie selbst den einfachsten Gerichten ein frisches Aussehen und einen frischen Geschmack verleihen.

4. Farben kontrastieren
Denken Sie beim Anrichten Ihrer Speisen an das Farbrad. Gegensätzliche Farben ergänzen sich gegenseitig und machen das Gericht optisch ansprechend. Zum Beispiel ein Spritzer cremiger Sauce auf einer leuchtend roten Tomatensuppe.

5. Spielen Sie mit Texturen
Kombinieren Sie verschiedene Texturen, um jeden Bissen interessant zu machen. Ein knuspriges Element wie Croutons auf einer Suppe oder geröstete Nüsse auf einem Salat können das ganze Gericht aufwerten.

6. Verwenden Sie essbare Dekorationen
Verwenden Sie anstelle von ungenießbaren Garnierungen Zutaten, die das Gericht ergänzen. Denken Sie an essbare Blumen, Kräuterzweige oder mit einem Sparschäler hergestellte Gemüselocken.

7. Meistern Sie den Nieselregen
Ein gut ausgeführter Soßentropfen kann ein Gericht elegant aussehen lassen. Verwenden Sie eine Sprühflasche oder einen Löffel, um Saucen kunstvoll in einem Zickzack- oder Kreismuster zu beträufeln.

8. Perfekte Schnitte
Die Art, wie Sie Ihre Zutaten schneiden, kann den Unterschied ausmachen. Dünne, gleichmäßige Fleisch- oder Gemüsescheiben lassen sich gut präsentieren und garen gleichmäßiger.

9. Servieren Sie es in etwas Unerwartetem
Verzichten Sie auf den üblichen Teller oder die Schüssel und servieren Sie Ihr Gericht in etwas Unkonventionellem, wie einem Einmachglas, einer ausgehöhlten Frucht oder einer gusseisernen Minipfanne.

10. Putzen Sie nebenbei
Vergewissern Sie sich vor dem Servieren, dass die Ränder Ihrer Teller sauber sind. Wischen Sie Tropfen oder Flecken mit einem sauberen Handtuch weg, damit alles ordentlich aussieht.

Mit diesen Präsentationstipps in Ihrem kulinarischen Werkzeugkasten sind Sie auf dem besten Weg, Gerichte zu kreieren, die nicht nur gut schmecken, sondern auch unglaublich gut aussehen. Denken Sie daran, dass es darum geht, Spaß zu haben und zu experimentieren. Manchmal entstehen die beeindruckendsten Präsentationen durch glückliche Zufälle in der Küche. Spielen Sie also mit Ihren Lebensmitteln und beobachten Sie, wie sich Ihre Gerichte in essbare Meisterwerke verwandeln, die Sie mit Sicherheit beeindrucken werden.

Kapitel 9: Schlussfolgerung: Die Reise geht weiter

Zum Abschluss dieses Kapitels und auch dieses Buches ist es an der Zeit, innezuhalten und auf die Reise zurückzublicken, die wir gemeinsam angetreten haben. Von den ersten zaghaften Schritten in der Küche, bewaffnet mit wenig mehr als der Bereitschaft zu lernen und einem vielleicht etwas zu ehrgeizigen Rezept, bis hin zu heute, wo sich das Brummen des Ofens, das Hacken des Messers und das Brutzeln der Pfanne wie der Soundtrack zu einem neuen, selbstbewussteren Kapitel des Lebens anfühlen.

Über den Fortschritt nachdenken

Ich erinnere mich an die Zeit, als mir die Küche wie ein fremdes Land vorkam, wo jedes Utensil ein Rätsel und jedes Rezept eine Herausforderung war. Ich erinnere mich an das erste Gericht, das ich kochte und das sich wie ein Sieg anfühlte - eine einfache Spaghetti Carbonara, die meine Frau mehr zu beeindrucken schien als jedes Restaurantessen. Es ging nicht nur um das Essen, auch wenn das für sich genommen schon ein Erfolg war. Es ging um den Weg, die Mühe und die Liebe, die in der Zubereitung stecken. Es sind diese kleinen und großen Momente des Triumphs, die den Übergang vom Küchenneuling zum erfahrenen Koch markiert haben.

Ermutigung zum Weiterforschen

Die kulinarische Welt ist riesig und unendlich faszinierend. Es gibt immer eine neue Technik zu meistern, eine neue Geschmackskombination zu entdecken und eine neue Küche zu erkunden. Meine Reise in der Küche hat mich gelehrt, dass Kochen nicht nur eine Fertigkeit ist, sondern eine Form des Ausdrucks, eine Möglichkeit, für sich selbst und andere zu sorgen, und eine Quelle unendlicher Freude und Zufriedenheit. Ich möchte Sie ermutigen, die Grenzen dessen, was Sie in der Küche tun können, immer weiter zu verschieben. Experimentieren Sie mit Zutaten, probieren Sie neue Rezepte aus, und haben Sie keine Angst, zu scheitern. Jeder Fehler ist eine versteckte Lektion, und jeder Erfolg ist ein Schritt in Richtung Meisterschaft.

Einladung, die Reise zu teilen

Beim Kochen geht es nicht nur darum, uns zu ernähren, sondern auch um das Teilen von Essen, aber auch von Erfahrungen, Erinnerungen und Liebe. Ich lade Sie ein, diese Rezepte, Tipps und Tricks zu übernehmen und sie zu Ihren eigenen zu machen. Kochen Sie für Ihre Lieben, veranstalten Sie Dinnerpartys für Ihre Freunde, und teilen Sie Ihre kulinarischen Kreationen mit der Welt. Es gibt nichts Schöneres, als zu sehen, wie die Menschen, die Ihnen am Herzen liegen, die Früchte Ihrer Arbeit genießen.

Der Weg, der vor Ihnen liegt, ist noch lang, und die Welt des Kochens ist unendlich reich an Möglichkeiten. Wie man so schön sagt: "Wer gut anfängt, hat schon halb gewonnen". Sie haben einen fantastischen Start auf Ihrer kulinarischen Reise hingelegt, und ich habe keinen Zweifel, dass Sie weiter wachsen, lernen und sich an der Magie des Kochens erfreuen werden. Denken Sie daran, dass die Reise hier nicht endet, sondern sich mit jedem Gericht, das Sie zubereiten, weiter entfaltet. Bleiben Sie also auf Entdeckungsreise, kochen Sie weiter, und genießen Sie vor allem jeden Moment davon. Auf die vielen köstlichen Abenteuer, die vor Ihnen liegen.

Anhänge

Glossar der Kochbegriffe: Entmystifizierung des kulinarischen Jargons.

In der Welt des Kochens ist das Verständnis der Sprache der erste Schritt zur Beherrschung der kulinarischen Kunst. Ganz gleich, ob Sie ein Rezept lesen oder eine Kochsendung sehen, die Kenntnis dieser Begriffe wird Ihnen helfen, mit Leichtigkeit und Selbstvertrauen zu kochen.

Dieses Glossar deckt nur die Spitze des kulinarischen Eisbergs ab, bietet aber eine solide Grundlage für jeden Kochanfänger, der seine kulinarische Reise beginnt.

Abrieb	Die äußere, farbige Schicht der Schale von Zitrusfrüchten, abgerieben und verwendet, um Geschmack zu verleihen.
Al Dente	Ein italienischer Begriff, der Pasta beschreibt, die bissfest gekocht ist. Die Nudeln sollten beim Biss einen leichten Widerstand aufweisen, aber nicht hart oder zu kurz gekocht sein.
Backen	Das Garen von Lebensmitteln im Ofen durch trockene Hitze.
Beträufeln	Während des Bratens oder Grillens Flüssigkeit über das Gargut gießen, um es feucht zu halten.
Braten	Das Garen von Fleisch oder Gemüse im Ofen oder über offenem Feuer, um eine braune Farbe und einen intensiven Geschmack zu entwickeln.
Eistreiche	Eine Mischung aus verquirltem Ei und Milch oder Wasser, die auf Teig gestrichen wird, um ihm nach dem Backen einen glänzenden Glanz zu verleihen.
Filetieren	Das Entfernen von Knochen aus Fleisch oder Fisch und das Schneiden in Scheiben.
Grillen	Direktes Garen von Speisen bei großer Hitze. Diese Methode ist ideal für das schnelle Garen der Oberfläche von Lebensmitteln und führt oft zu einer gebräunten oder karamellisierten Oberfläche.
Hacken	Das Zerkleinern von Lebensmitteln in Stücke durch wiederholte Hiebe mit einem Messer.
Julienne	Schneiden von Lebensmitteln in dünne, streichholzgroße Streifen. Wird häufig für Gemüse in Salaten oder Pfannengerichten verwendet.
Karamellisieren	Zucker oder Lebensmittel erhitzen, bis sie eine charakteristische braune Farbe und einen süßen Geschmack entwickeln.
Kneten	Das Bearbeiten von Teig mit den Händen, um ihn geschmeidig und elastisch zu machen.
Köcheln	Langsames Garen von Lebensmitteln in Flüssigkeit bei einer Temperatur knapp unterhalb des Siedepunkts.

Marinieren	Lebensmittel in einer Mischung aus Gewürzen und Flüssigkeiten einlegen, um sie zu würzen und zarter zu machen.
Reiben	Das Zerkleinern von Lebensmitteln in feine Stücke durch Reiben auf einer Reibe.
Sautieren	Schnelles Braten von Lebensmitteln in einer kleinen Menge Fett bei relativ hoher Temperatur.
Überbacken	Ein Gericht, das mit Käse oder Brotkrumen bestreut und unter einem Grill gebräunt wird.
Würfeln	Lebensmittel in kleine, gleichmäßige Quadrate schneiden.

Umrechnungen von Maßen: Schnellreferenz für metrische und imperiale Einheiten.

Wenn man sich auf eine kulinarische Reise begibt, kann es einem manchmal vorkommen, als würde man durch einen dichten Wald navigieren, vor allem wenn die Rezepte eine Mischung aus metrischen und imperialen Einheiten enthalten. Ganz gleich, ob Sie das Rezept Ihrer geliebten Großmutter entziffern oder ein neues Gericht aus einem anderen Kochbuch zubereiten, es ist wichtig zu wissen, wie man Maße von einem System in ein anderes umrechnet. Dieses Kapitel ist Ihr Kompass, eine Kurzanleitung, die Ihnen hilft, problemlos von metrischen auf imperiale Einheiten umzustellen, damit Ihre kulinarischen Bemühungen genau und erfolgreich sind.

Hier finden Sie eine übersichtliche Tabelle zur Umrechnung der gebräuchlichsten Volumenmaße zwischen dem metrischen System und den US-Einheiten, ideal für schnelle Umrechnungen beim Kochen.

Volumenumrechnungen	**Gewichtsumrechnungen**
Teelöffel (TL) und Milliliter (ml) • 1 Teelöffel (TL) = 5 ml	*1 Unze (oz) = 28,35 Gramm (g)*
Esslöffel (EL) und Milliliter (ml) • 1 Esslöffel (EL) = 3 TL = 15 ml	*1 Pfund (lb) = 16 Unzen = 453,59 Gramm (g*
Flüssigunzen (fl oz) und Milliliter (ml) • 1 Flüssigunze (fl oz) = 2 EL = 30 ml	*Längenumrechnungen*
Tassen und Milliliter (ml) / Liter (L)	*1 Zoll (in) = 2,54 Zentimeter (cm)*

- 1 Tasse = 8 fl oz = 240 ml

Pints (pt) und Liter (L)

- 1 Pint (pt) = 2 Tassen = 0.47 L

Temperaturumrechnungen

[0 Grad Celsius (°C) = 32 Grad Fahrenheit (°F]

Quarts (qt) und Liter (L)

- 1 Quart (qt) = 2 pt = 0.95 L

Fahrenheit: °F=(°C×9/5)+32°

Gallonen (gal) und Liter (L)

- 1 Gallone (gal) = 4 qt = 3.8 L

Celsius: °C=(°F−32)×5/9

Gängige Kochmaße

Eine Prise / Ein Hauch

Allgemein als weniger als 1/8 Teelöffel betrachtet

Eine Handvoll

Ungefähr 1 bis 2 Esslöffel oder etwa 15 bis 30 Gramm, wobei dies stark variieren kann

Checkliste für den Vorratsschrank: Vorrat an Grundnahrungsmitteln für spontane Kochabenteuer.

Ein gut gefüllter Vorratsschrank ist die Geheimwaffe eines jeden guten Kochs. Wenn Sie eine Reihe vielseitiger Zutaten zur Hand haben, sind Sie immer in der Lage, eine Mahlzeit zu zaubern, egal wie spontan der Anlass ist. Egal, ob es sich um einen Mitternachtssnack, ein Last-Minute-Dinner für zwei Personen oder ein spontanes Treffen mit Freunden handelt - mit diesen Grundnahrungsmitteln sind Sie für jedes kulinarische Abenteuer gerüstet, das sich Ihnen bietet. Hier finden Sie eine Checkliste für Ihren Vorratsschrank, mit der Sie Ihre Regale gut ausstatten und sich alle Möglichkeiten offen halten können.

Körner und Nudeln
- Reis: Eine vielseitige Grundlage für unzählige Gerichte. Bewahren Sie sowohl weißen als auch braunen Reis auf, um für Abwechslung zu sorgen.
- Nudeln: Verschiedene Formen und Größen, von Spaghetti bis Penne, für schnelle, herzhafte Mahlzeiten.
- Quinoa und Couscous: Für die Abwechslung oder eine schnelle Beilage.

Dosenware
- Tomaten: Gewürfelt, zerkleinert und als Paste, für Soßen, Eintöpfe und Suppen.
- Bohnen: Schwarze Bohnen, Kidneybohnen, Kichererbsen und mehr. Perfekt für Salate, Chilis und Wraps.
- Thunfisch und Lachs: Für einfache, proteinreiche Mahlzeiten.
- Brühe: Hühner-, Rinder- und Gemüsebrühen für Suppen, Eintöpfe und zum Verfeinern von Gerichten.

Unverzichtbare Backzutaten
- Mehl: Allzweckmehl und Vollkornmehl zum Backen und Andicken von Soßen.
- Zucker: Weißer, brauner und Puderzucker zum Süßen von Kaffee bis hin zu Torten.
- Backpulver und Backsoda: Zum Treibenlassen von Backwaren.
- Hefe: Für Brotbackabenteuer.

Öle und Essigsorten
- Olivenöl: Ein Muss zum Kochen und für Dressings.
- Pflanzenöl: Zum Braten und Backen.
- Essig: Balsamico-Essig, weißer Essig und Apfelessig für Dressings und zum Säuern von Speisen.

Gewürze und Kräuter
- Salz und Pfeffer: Das absolut Notwendige. Nehmen Sie koscheres Salz und ganze Pfefferkörner mit einer Mühle.
- Getrocknete Kräuter: Basilikum, Oregano, Thymian und Rosmarin.
- Gewürze: Paprika, Kreuzkümmel, Chilipulver, Currypulver und Zimt.

Gewürze und Sonstiges
- Sojasoße: Für asiatisch inspirierte Gerichte und Marinaden.
- Scharfe Sauce und Senf: Zum Würzen und Schärfen.
- Honig und Ahornsirup: Natürliche Süßungsmittel für Gerichte und Dressings.
- Nüsse und Saaten: Mandeln, Erdnüsse, Sonnenblumenkerne und mehr zum Knabbern und für knackige Salate.

Leicht verderbliche Lebensmittel, die Sie vorrätig halten sollten
- Eier: Zum Backen, Frühstücken und als Eiweißquelle für Mahlzeiten.
- Käse: Eine Auswahl an Hart- und Weichkäse für Snacks, Sandwiches und zum Garnieren.
- Butter: Zum Kochen, Backen und Verfeinern von Speisen.

Diese Checkliste ist nur ein Anfang. Wenn Sie sich in der Küche wohler fühlen und kreativer werden, werden Sie herausfinden, auf welche Grundnahrungsmittel Sie am meisten angewiesen sind, und können Ihre Vorratskammer entsprechend anpassen. Denken Sie daran, dass die besten Gerichte oft mit einer Prise Spontaneität und einer gut gefüllten Speisekammer zubereitet werden. Auf viele glückliche und köstliche Kochabenteuer!

SCAN THE QR CODE:

OR COPY AND PASTE THE URL:

https://shorturl.at/aEI13

Printed in Poland
by Amazon Fulfillment
Poland Sp. z o.o., Wrocław